アメリカの航空戦国時代

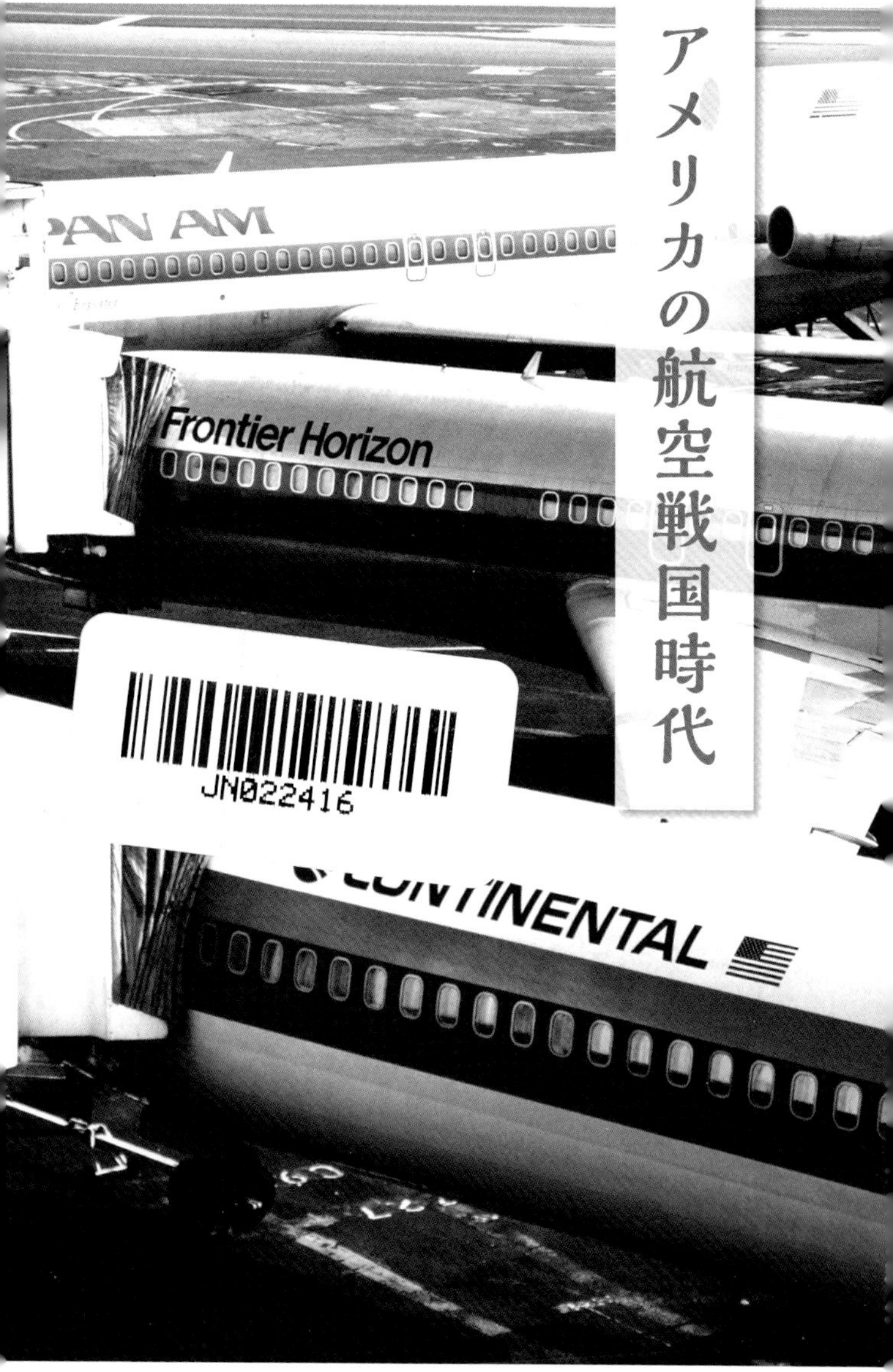

アメリカでは古くから多くの航空会社の機体が行き交った（ニューヨーク・ラガーディア空港 1984年）

日本の高度経済成長期を支えた大手3社

日本航空のB747SR型機は国内線専用のジャンボ機、日本国内だけを飛んだ（伊丹 1983年）

全日空もB747SR型機を国内線に導入、日本は世界有数の国内航空需要大国に（羽田 1984年）

東亜航空と日本国内航空が合併した東亜国内航空はのちに日本エアシステムとなり、その後、日本航空と合併する（羽田 1983年）

香港啓徳空港に着陸するキャセイパシフィック航空。香港拠点のイギリスの航空会社だった（香港 1995年）

中華圏を運航する航空会社は大きく変わった

香港啓徳国空港に発着していた台湾の中華航空は尾翼に中華民国国旗を掲げていた（香港 1995年）

中国の航空会社は当時、国営の中国民航1組織。尾翼には中国国旗（成田 1989年）

日本でもお馴染みだった
アメリカ系航空会社はすべて消滅

パンアメリカン航空は太平洋便をユナイテッド航空へ売却後、
ヨーロッパ、中南米へ専念するも倒産（メキシコシティ 1991年）

ノースウエスト航空は成田がアジア路線のハブであったが、
デルタ航空へ統合（成田 1993年）

コンチネンタル航空は古くよりグアム、サイパンから日本へ飛ぶ
も、ユナイテッド航空と統合（成田 1988年）

航空連合同士の競合、同時多発テロ事件で多くの航空会社が姿を消す

ブリュッセルからアンカレッジ経由で成田へ乗り入れていたサベナ・ベルギー航空（成田 1983年）

カナダ太平洋航空はカナディアン航空となるが異なる連合のエア・カナダに買収される（成田 1986年）

南米を代表する航空会社だったヴァリグ・ブラジル航空も倒産する（リオデジャネイロ 1987年）

東西冷戦終結で姿を消した航空会社と成功しなかった超音速機

アエロフロート・ソ連航空は旧ソ連製機材で運航、ヨーロッパへ速くて格安のルートだった（成田 1984年）

東西冷戦時、東ドイツの航空会社だったインターフルクはソ連製機材で国際線を飛んだ（東ベルリン 1989年）

英仏共同開発の超音速機コンコルドは燃費や騒音の問題から普及しなかった（ニューヨークJFK 1984年）

日本最初の国内線を飛んだLCCはANA系列のピーチ・アビエーションで
関西拠点に運航（新千歳 2016年）

空の移動を庶民の足にした
LCCが世界で台頭

アジアではマレーシアのLCCエア・アジアが
域内の旅を身近にした（クアラルンプール 2012年）

ヨーロッパ内を格安運賃で飛ぶアイルランドのLCC
ライアンエアー（ブリュッセル・シャルルロワ 2012年）

中東を拠点に各国をつなぐ「中東御三家」が航空業界を席巻

ドバイを拠点にするエミレーツ航空は100機以上のA380型機を世界へ運航した（成田 2023年）

カタール航空はドーハ拠点に世界を結ぶが、利用者の多くはドーハで乗り継ぎのみ（バンコク・スワンナプーム 2017年）

エティハド航空はアラブ首長国連邦のアブダビ首長国の航空会社で人気上昇中（成田 2024年）

再編！
世界の航空会社

パンナム倒産からLCCの活躍、
中東御三家台頭まで

谷川一巳
Tanigawa Hitomi

交通新聞社新書 179

はじめに

パンアメリカン航空、ノースウエスト航空……。日本にも馴染みのあった航空会社はどうなったのか

筆者が初めて飛行機に乗ったのは1975（昭和50）年、高校2年の夏休みであった。日本航空のジャンボ機ことB747SR機で羽田から沖縄へ飛んだのである。予約はできないものの空席があれば運賃が半額になる「スカイメイト」という制度があった。鉄道大好き少年だった筆者は、航空機のソフトなサービスに、当時大赤字だった国鉄とは大違いと感じたものである。

それから約50年の歳月が経とうとしているが、航空業界はその後、目まぐるしく変わっていく。日本と違い鉄道がほとんどなかったアメリカでは航空自由化が世界に先駆けて進み、その流れは大西洋便、さらに太平洋便へと波及した。

日本の航空業界は閉鎖的な市場であったが、アメリカなどに開国を迫られるような流れで自由化へと進む。世界の主要な航空会社は連合化へ進み、格安航空会社も世界各国で飛

ぶようになり、ＬＣＣ（Low Cost Career）なる表現も使われるようになる。

この間には老舗航空会社が消滅し、世界には国を代表する航空会社が運航できなくなった小国もたくさんできてしまった。いっぽうで、航空便を世界に運航することを国の主産業にする国も現れ、航空業界では〝中東御三家〟などという言葉も使われるようになる。ＬＣＣの勢力図も日々進化している。

本書では、世界の航空会社の約50年史を振り返ってみたい。筆者はかつて格安航空券販売にも携わったので、航空券予約の今昔にも触れてみたい。現代の航空券予約の参考になれば幸いである。

筆者が初めて乗ったB747SR機にて。キャビンクルーのソフトなサービスは当時の国鉄とは大違いだった（1975年）

もくじ

第2章　世界の航空会社が航空連合を形成──1990年代

第3章　同時多発テロ事件で変わった航空業界―2000年代

第4章　世界的に広がるLCCのシェア

第5章 〝中東御三家〟台頭と航空の新たな時代

第6章 航空会社再編によって航空旅行の常識も激変

第1章

自由な競争はアメリカ航空戦国時代から始まる
―1980年代

日本及び世界において交通機関の中で航空機がまだまだ庶民のものではなかった時代、航空が日常の乗物だったのはやはりアメリカである。航空会社同士がライバルとして、利便性やサービスで競争するようになる。やがて規制緩和から競争はエスカレートしていき、現代では当たり前となった航空会社の運航や予約のシステムは、多くがこの時代のアメリカで生まれている。航空会社再編は1970～1980年代のアメリカの話から始まる。

航空大国アメリカでは国内線を有利に運航した航空会社の収益が高かった

1970年代、日本では航空機はまだまだ日常の交通機関とはいえなかった。東京から北海道へ行くのも、頭に浮かぶのは航空機ではなく、当時国鉄だった路線を青森へ、青函連絡船を介して鉄道で札幌へ至るものだった。石川さゆりの『津軽海峡・冬景色』は1977（昭和52）年の曲である。東京から九州へも数多くの寝台特急が運転されていた。

しかし、1970年代は航空機が発達した年代でもある。ボーイングが開発したジャンボ機ことB747型機が1970年にパンアメリカン航空によって大西洋路線に初就航し、同じ年に日本航空も太平洋便に就航させた。１９７３（昭和48）年には日本航空がB747SR機（SRとは「Short Range」の意味）という短距離型ジャンボ機を国内線に就航させた。１９７０年代は、空の大量輸送が始まった時代なのである。

ただ、航空会社数は現在と比較すると、比べ物にならないほど少なかった。日本でも国際線を運航するのは日本航空のみで全日空は国際線を運航していない。韓国では航空会社が大韓航空のみで、アシアナ航空などが誕生するのはずっと後である。同様に台湾でも規模が大きいのは中華航空（現材のチャイナエアライン）のみでエバー航空などが誕生するのもずっと後である。世界的にも航空会社は各国に国営の航空会社が１社だけ、もしくは民間の航空会社がもう1社飛んでいる程度であった。

ところが、１９７０年代、すでに多くの民間航空会社が飛んでいたのがアメリカである。日本へも乗り入れていたパンアメリカン航空、ノースウエスト航空（ノースウエスト・オリエント航空と呼ばれた時期もあった）、ヨーロッパ便などが充実していたトランス・ワールド航空。国内線に目を移すとアメリカン航空、ユナイテッド航空、デルタ航空、イースタン航空、コンチネンタル航空、ウエスタン航空、ナショナル航空・・・。国土が広いという理由もあるが、多くの航空会社が飛び、アメリカの鉄道はほとんど貨物用だったので、この頃から航空が日常の交通機関であった。驚くことに格安で知られるサウスウエスト航空は1971年に就航しており、アメリカでは1970年代、すでに現在のLCCの元祖ともいえる航空会社が運航を始めていた。

当時アメリカでメジャーだった航空会社を列記したが、日本でも知名度が高かったのがパンアメリカン航空で、世界各国でも知名度が高かった。歴史もあり、国際線の老舗である。世界一周便も運航し、羽田空港はその寄港地のひとつであった。パンアメリカン航空は別格の存在だった。

今でこそ語り草であるが、ジャンボ機の誕生には、このパンアメリカン航空が関わっている。当時、ボーイング社は大型軍用輸送機開発計画に参画したが、政治的配慮でロッキード案が採用された。ボーイングの開発陣はお蔵入りさせるのは忍びないとして、この計画を旅客機に転用したというのがジャンボ機開発の始まりだ。しかし、あまりに大きな機体だったため世界の航空会社は関心を示さなかった。当時の志向は「超大型機」ではなく「超音速機」だったからだ。音速の2倍で飛ぶ「コンコルド」をイギリスとフランスが共同開発中だったが、空の大量輸送時代を確信して超大型機の開発を支えたのがパンアメリカン航空だった。

これは１９６０年代の話であるが、パンアメリカン航空はそれほどの存在で、もしこの航空会社がなかったら、現在のような空の旅の大衆化はなかったかもしれない。実際、ジャンボ機の就航でほかの旅客機メーカーもこぞって大型の機体を開発。空の大量輸送時代の到来で、航空運賃が安くなった。

このように、パンアメリカン航空は航空業界をリードする存在であった。ところが、数あるアメリカの航空会社を、収益順に並べると、アメリカン航空、ユナイテッド航空、デルタ航空、イースタン航空の順で（１９７８年の有償旅客数）、この４社が〝ビッグ４〟と呼ばれていた。パンアメリカン航空などの有名どころは10位圏内にも入らなかった。つまり、「国際線よりも国内線のほうがずっと儲かる」というのがアメリカ航空業界の実態だったのである。

パンアメリカン航空はジャンボ機ことボーイング747型機の生みの親でもあった（成田 1983年）

乱立しては統合、買収、身売りの繰り返し

世界の航空会社が自由に空を飛ぶようになるきっかけは、やはり航空大国アメリカからだった。世界の航空会社を語るとき、どうしても最初はアメリカの話となる。1978年、ジミー・カーター政権だった時代に航空規制緩和法が成立する。1981年までに国内の運航は自由化、1983年までには国内の運賃も自由化するというものだった。これでどの航空会社がどこをどのような運賃で飛ぶのも自由となった。

1981年発足のロナルド・レーガン政権も規制緩和を進め、企業の統合、買収、身売りなどがやりやすくなる。航空会社があまりに自由に運航されたのでは、安全運航に支障をきたす心配があるが、それは保険会社が目を光らせた。安全運航に対する姿勢や機体メンテナンスをおろそかにすると、保険料が高くなるというシステムだ。こうして1980年代は俗に〝アメリカ航空戦国時代〟などと言われるほど、航空会社同士の競争が激化、新規参入の航空会社もたくさん現れる。

ここで規制緩和以前のアメリカの航空会社のラインナップを紹介しておこう。

まずは国際線中心の航空会社には、世界を網羅していたパンアメリカン航空、太平洋便に強かったノースウエスト航空、大西洋便に強かったトランス・ワールド航空があった。

全米に運航する航空会社にはアメリカン航空、ユナイテッド航空があり、圧倒的な路線網を誇っていた。アメリカの人口は東部に多かったため、デルタ航空は東部に路線が集中していた。これらの航空会社に続いてコンチネンタル航空、ピードモント航空、ナショナル航空、フロンティア航空などがあった。社名に東西南北や地域が入り、全米を網羅するわけではない中堅航空会社も多く、各社にはテリトリーがあった。イースタン航空、ウエスタン航空、パシフィックサウスウエスト航空、ヒューズ・エア・ウエスト、ノースセントラル・エアラインズ、サザン航空、エアカル（エアカリフォルニア）、エア・フロリダ、オザーク航空……。

PSAことパシフィックサウスウエスト航空は日本人利用者も多かった（サンディエゴ 1986年）

格安で名を馳せたのはサウスウエスト航空やブラニフ航空であった。このほか、アメリカの航空会社とはいえ特殊な地域航空会社に数えられていたのがアラスカ航空、ハワイアン航空、アロハ航空であった。古くからずいぶんと多くの航空会社があったように思えるが、カリフォルニア州やテキサス州は日本よりも広く、しかも鉄道が発達していなかったので、航空会社が多いのは当然だった。

このようなラインナップで航空業界は安定していたが、規制緩和によって業界地図は大きく変わる。中古旅客機2～3機で事業を始める地域航空会社、格安運賃を掲げる航空会社、逆にセレブ相手に全席ファーストクラスのようなサービスを提供する航空会社も現れる。新規参入の航空会社、あるいは特定の地域を運航する航空会社が、次第に力をつけて全米に路線網を持つことだって夢ではなくなる。それまでの大手や中堅航空会社にとってはライバル出現となり、競争が激化する。

小さな規模からめきめきと実力をつけて大きくなった航空会社もあれば、運航してみたものの2～3年で倒産、あるいはほかの航空会社に買収されるなど、さまざまな航空会社が誕生しては消えていった。日本では、ある会社がほかの会社に買収されるのはいいイメージではないが、アメリカでの感覚は異なっていた。小さな町工場が、名のある大企業に買収され、大企業と同じ待遇になれば、小さな町工場にしてみれば大万歳であろう。発足時から大手に買収されることを望んでいたかのような雰囲気もあったのだ。

ロサンゼルス国際空港ではこんなことがあった。筆者はカーパークで次々にアプローチする旅客機を撮影していた。どのような便があるかは事前に時刻表で確認してあった。ところがフロンティア航空（初代のフロンティア航空で現在のフロンティア航空とは別）の便だけは１便も来なかった。「どうしたんだろう」とフロンティア航空のターミナルへ行ってみると、「昨日倒産した」と看板の片づけ準備が始まっていた。

このくらいに倒産や買収は日常茶飯事で、その夜、ホテルのテレビニュースで、フロンティア航空がピープル・エクスプレスに買収されたことを知った。

格安航空会社の風雲児だったピープル・エクスプレス

フロンティア航空を買収したピープル・エクスプレスは１９８１年運航開始で、規制緩和後に誕生した航空会社である。ニューヨークのニューアーク空港を拠点にしたユニークな格安航空会社だった。ニューヨークのマンハッタンの西側を流れるハドソン川の対岸はニュージャージー州となるが、ニューアーク空港はそこにある。ニューヨークとは州が異なるがニューヨークの空港に数えられる。

インターネットの無い時代の格安航空会社は、運賃が単純な構成で、ワシントンやボストンなどの近距離は40USドル、週末、および平日でも夜便は27USドル、ヒューストンなど長距離はそれぞれ99USドルと79USドル、初の国際線となったロンドン便に至っては曜日に関係無く159USドル、「乗客全員が同料金」だった。「早期購入」「変更不可」などの条件によっての違いは無い。手元に1984年当時のタイムテーブルが残っているが、表紙に「ドライブより安く」とある。

筆者も、運賃が安くなる夜便利用でワシントン～ニューアーク間を飛んだが、驚くような運航方法であった。予約はできず、空港で早いもの順に受け付け、出発1時間半前に搭乗手続きカウンターでカウンター嬢が搭乗できる客の名前を読み上げ、その場で搭乗カードを渡される。待合室へ進むと、間もなく折り返しになる便が到着、その便のキャビンクルーが次の便の受付を行なう。搭乗時に先ほどの搭乗カードが回収される。これで人数の確認ができるのであろう。座席は自由席、先程の便で到着したキャビンクルーがタラップを片付けているのにも驚く。

離陸し、まだ機体は上昇中だというのに、機体後部からキャビンクルーがワゴンを推してきた。「格安航空会社なのにドリンクサービスか！」と思ったが、尋ねられたのは「コーヒーか紅茶か」ではなく「キャッシュかカードか」であった。ピープル・エクスプレスは、「乗客全員が同料金」であるが、もっともユニークだったのが運賃を機内で徴収していたことである。さらに筆者を驚かせたのは、そのキャビンクルーは、搭乗手続きカウンターで名前を読み上げていたカウンター嬢であったことだ。

格安航空会社はキャビンクルー、地上職員といった区別は無く、１人３役、４役をこなしていた。ピープル・エクスプレスは当初、ルフトハンザドイツ航空の中古Ｂ７３７型３機で事業を始めるが、瞬く間に利用者が増え、大陸横断便や大西洋国際便にＢ７４７型ジャンボ機を運航するまでに成長する。それに対し、大手航空会社は、ピープル・エクスプレスと競合する区間のみピープル・エクスプレスと同料金、あるいはそれ以下の運賃にして対抗し

格安で名を馳せたピープル·エクスプレス（ワシントン 1984年）

ピープル・エクスプレスの運賃は機内で徴収、機内で受け取るレシートは手書きだった

た。

この航空業界の風雲児だったピープル・エクスプレスが、フロンティア航空を買収したのだが、フロンティア航空は歴史ある航空会社で、労働組合なども存在した。対するピープル・エクスプレスには労働組合などは無く、社員に自社株の購入を勧めていて、多くの社員に株主になることを呼び掛けていた。そのため当時は、「ノンユニオンがユニオンを買収した」と話題になった（ユニオンＵｎｉｏｎ＝「労働組合」のこと）。しかし、このピープル・エクスプレスものちに、１９８７年、コンチネンタル航空に買収される。

国際線航空会社は国内線航空会社買収で規模拡大を図る

アメリカの航空規制緩和によって、もっとも大きく会社の運営方針が変わったのは、国際線を運航していた航空会社である。冒頭で述べたように、アメリカでは圧倒的に儲かるのは国内線だったので、国際線航空会社からすれば、国内線に進出したいのは当然である。

しかし、国際線中心だった路線網を急に国内線も運航といっても容易なことではない。国内線を充実させるには時間を要する。そこで、手っ取り早く国内線を充実させる手段として、そこそこ国内線を運航している中堅航空会社を買収し、自社路線にしてしまうという方法であった。

こうしてパンアメリカン航空は１９８０年にナショナル航空を、ノースウエスト航空は１９８６年にリパブリック航空を、トランス・ワールド航空は同年にオザーク航空を買収する。これにより、アメリカでは国際線専門の航空会社が消滅する。

当時のアメリカ航空業界は、かなり混乱していた。規制緩和から、国際線航空会社が国内線へ参入、新規参入航空会社が増え、規模の小さい航空会社は規模拡大を模索、中堅や大手航空会社は防戦態勢になっていた。「早く規模を拡大しないと生き残れない」という動きがあり、各社とも規模拡大に躍起になっていたのである。

ノースウエスト航空が１９８６年に買収したリパブリック航空は、１９７９年にノースセントラル・エアラインズとサザン航空が合併して誕生し、翌１９８０年にヒューズ・エア・ウエストも買収、アメリカ北部、南部、西部の航空会社の合体で誕生した航空会社であった。そのリパブリック航空をアメリカ北西部と太平洋国際線を運航していたノースウエスト航空が買収したのである。

リパブリック航空自体が、規制緩和以降に誕生した航空会社で、リパブリック航空としての運航はたった6年、さらに大きな航空会社に吞み込まれたのである。機体デザインはめまぐるしく変わり、リパブリック航空のデザイン、以前の航空会社のデザインに社名だけを「リパブリック」に書き変えたものなど、さまざまな機体が混在し、それが最終的に赤い尾翼のノースウエスト航空になった。ノースウエスト航空はリパブリック航空買収で業績を上昇させ、成功したのであった。

アメリカの地方航空会社が合体したリパブリック航空はノースウエスト航空が買収する（ロサンゼルス 1986年）

「ハブ空港」は規制緩和の産物

「ハブ空港」という言葉は現在よく使われるようになったが、これはアメリカ航空戦国時代の産物である。航空規制緩和以前、アメリカの主要航空会社は、それぞれがニューヨーク～サンフランシスコ間、ワシントン～ロサンゼルス間、マイアミ～シカゴ間など、需要の多くありそうな区間に直行便を飛ばしていて、路線構成は「ごく自然」といえば自然であった。

しかし、競争を有利に進めるには、より多くの人に利便性を提供しなければならない。すると、あらゆる区間に直行便が必要になってくるが、全米の主要都市同士すべてを各社が直行便で結ぶことなど、限られた機材、乗員では不可能だし、各社が行えば供給過剰になる。

そこで、大手各社が中小の航空会社との差を見せるかのごとく行なったのが、ネットワークを「ハブ＆スポーク」の形状にすることだった。拠点になる空港に路線を集中させ、そこから全米への便を運航すれば、アメリカの都市「どこからどこへもその拠点空港一カ所の乗り継ぎですむ」という考え方だ。その形態を自転車の車輪のハブとスポークの形状に見立てた表現である。

その拠点となる空港はアメリカ中央部、もしくは中央部よりやや東寄りの立地が好都合だった。主要都市が東部に多いからである。拠点空港は大都市である必要はなかったが、土地に余裕がある場所を選び、広大な空港にする必要があった。同じ時間帯に全米からの到着便を集中させ、その１〜２時間後に今度は全米への出発便を集中させる。その１〜２時間の間に旅客は自分の目的地行きの便へ乗り継ぐのである。同じ時間帯に便を集中させるためには複数の滑走路、広い駐機場が必要である。

こうしてアメリカン航空はダラス、ユナイテッド航空はシカゴやデンバー、デルタ航空はアトランタ……と、ハブ空港を中心に運航するようになる。たとえばダラスは滑走路6本を有する広大な空港だが、市街地は歩いて観光できる規模である。利用者数は多いが、ほとんどが乗り継ぎ客で、ダラスを起終点にする利用者は少ない。筆者も訪問したことがあるが、空港からダラスの中心街への空港バスなどは無く、空港アクセスはジャンボタクシーのようなドア・トゥ・ドアの車両であった。アメリカン航空はそれまで本拠地はニューヨークだったが、1979年に本拠地をダラスへ移転、1981年からハブ空港としてて機能させていた。こうして、ハブ空港を設定することで、ワシントンからサンディエゴへ向かう場

アメリカン航空はダラスをハブ空港とし、ここへフライトを集中させた（ダラス 1991年）

ユナイテッド航空はシカゴをハブ空港に、ターミナルはUマークの尾翼で埋まった（シカゴ 1990年）

合は、アメリカン航空ならダラス乗り継ぎ、ユナイテッド航空ならシカゴかデンバー乗り継ぎ、デルタ航空ならアトランタ乗り継ぎとなり、移動がスムーズになる。各社は、乗り継ぎのよさなどに力を注ぐのである。

当時から、アメリカ国内線のハブ空港行きの便に乗ると、到着時は「ニューヨークJFK行きは17番ゲート、マイアミ行きは15番ゲート、ボストン行きは23番ゲート…」などと機内放送があり、それは、まるで日本の鉄道が大きな駅へ到着するときのようなものであった。

日本では、空港を充実させたいとき「アジアのハブを目指して」などといった表現がされたが、これとは少し意味が違う。ハブ空港とは空港がハブ空港になるのではなく、「○○航空が○○空港をハブとして運航する」というもので、空港設備を充実させたからといってハブ空港になるのではない。ハブ空港とする航空会社が、乗り継ぎのための運航をしなければ、単なる就航地であって、ハブ空港とはいえない。ダラス空港はアメリカン航空にとってハブ空港なのであって、ユナイテッド航空にしてみれば一就航地に過ぎない。ハブ空港はどちらかというと「縁の下の力持ち」的なものであり、日本では勘違いされて使われているような気がする。

この、ハブ&スポークの運航形態は、貨物航空会社でも行なわれた。世界最大の貨物航空会社であるアメリカのフェデックス・エクスプレスは、テネシー州南西部のメンフィスを拠点に全米へ貨物便を運航した。貨物便といっても小口貨物が中心で、アメリカ国内では宅配便輸送のことであるが、各地で集荷した荷物を積んだ貨物便が夕方から夜にかけて各地の空港を出発、深夜にメンフィスに到着、行先別に仕分けされて未明までには全米へ出発するのである。

こうすることにより「アメリカ大陸どこからどこへでも、午前中に集荷できれば、翌日目的地へ到着」というものだった。同社がメンフィスを貨物の拠点に選んだ理由は、アメリカ中央部より少し東という立地はもちろんだが、大学の多い街で、深夜の荷物仕分けアルバイトの労働力が豊富だったことも理由として挙げられている。

メンフィスはリパブリック航空の前身の1社であるサザン航空の拠点だったので、リパブリック航空を買収したノースウエスト航空のハブのひとつでもあった。昼はノースウエスト航空の旅客便、深夜はフェデックス・エクスプレスの貨物便と、2社のハブ空港となった。

パンアメリカン航空のナショナル航空買収は大失敗

　国際線航空会社による国内線中堅航空会社の買収では、ノースウエスト航空のリパブリック航空買収は成功だったと前述したが、成功した例だけではなかった。大失敗だった例もある。それが１９８０年のパンアメリカン航空によるナショナル航空買収であった。

パンアメリカン航空の機体はB727、B737、B747などボーイング機中心だった（ニューヨークJFK 1984年）

　パンアメリカン航空は国際線航空会社の老舗で、ボーイングのＢ７０７型機やＢ７４７型ジャンボ機開発にも大きな功績を残し、誇り高きパイロットを多く擁していた。世界一周便も運航し、海外での評価も高く、全世界に支店があった。賃金も高く、いわばすべてが一流である。いっぽうのナショナル航空は国内線の中堅ではあるが、拠点はマイアミで、北米の避寒客などを温暖なフロリダへと運ぶバカンス的な便が多かった。全米では１９７８年当時９位の航空会社であるが、それでもパンアメリカン航空よりは業績がよかった。

機材はパンアメリカン航空がボーイング機中心だったのに対し、ナショナル航空はダグラス機中心だった。パンアメリカン航空のナショナル航空買収に際しては、給料などの待遇はパンアメリカン航空社員同様にすることを約束したものだから、ナショナル航空社員は大喜びだったという。はた目にも「急ぎ過ぎではないか」と思われたものだが、それほどに国際線航空会社は、儲かる国内線に早く進出したかったのである。

しかし、前述のようにアメリカ大手航空会社は国土の中央部あたりにハブ空港を設けて効率的な運航を目指していた。その点、パンアメリカン航空は、元々拠点にしていたのは、国際線という立場から、ニューヨークやサンフランシスコで、そこへナショナル航空を買収したのでマイアミが加わったが、肝心のハブ空港になるようなアメリカ中央部の拠点はなかった。

パンアメリカン航空とナショナル航空では社風も異なり、機材はボーイングとダグラスの双方を保有することになり、拠点とする空港の立地、社風、パイロット資格、整備士資格、保守部品、どの面からみても効率が悪かったのである。こうして、パンアメリカン航空は国内線航空会社を買収したものの、業績を悪化させてしまう。

生き残りのためには「偽装倒産」も

　格安運賃の風雲児だったピープル・エクスプレスは、既存の大手航空会社にとっては厄介な存在だった。対抗上、競合路線では大手航空会社も値下げせねばならず、収益を減らしていた。露骨な新規航空会社いじめのようなことができないよう、設定した運賃を一定期間は変更できないルールも設けられた。実際、大手航空会社は格安航空会社に対抗して値下げすると、利用者は同じ運賃ならサービスが充実している大手を選ぶ。ところが、格安航空会社が撤退すると大手航空会社は翌日から元の運賃に戻すといったことが行なわれていた。いずれにしても格安航空会社は大手航空会社からすると「目の上のたん瘤《こぶ》」で、コンチネンタル航空が格安運賃の風雲児だったピープル・エクスプレスを1987年に買収してくれたことで、ほっとした大手航空会社は多かったのである。

　しかし、コンチネンタル航空の経営は安定したものではなかった。コンチネンタル航空といえば、規模が大きく、ネットワークも充実した航空会社である。日本では成田空港開港以前からコンチネンタル・ミクロネシア航空としてグアム・サイパン便の運航で知られていた。

　当時のアメリカには航空事業では有名な実業家が何人かいて、荒手ではあるが、経営の悪化した航空会社を再生させるとして有名だったのがフランク・ロレンツォ氏である。コンチネンタル航空はフランク・ロレンツォ率いるテキサス・インターナショナル（持株会社）に買収され、思い切った再生を行なう。買収翌日に倒産させ、路線や賃金を大幅削減してしまう。会社は「偽装倒産」と訴えるが、裁判で負けてしまい、大幅に削減された賃金を認めた社員だけを再雇用したのである。

こうして、フロンティア航空買収で経営難に陥っていたピープル・エクスプレス、そしてニューヨーク・エアも1987年に買収し、コンチネンタル航空は規模が大きくなっていく。この時期、やはり経営の悪化していたイースタン航空もテキサス・インターナショナル傘下になっていたが、コンチネンタル航空とイースタン航空の統合はなかった。あまりに大きな航空会社同士の合併は危険ということをフランク・ロレンツォ氏は感じていたのではないかと思える。

コンチネンタル航空は、それまでハブ空港が無く、おもにロサンゼルスなど需要の多い空港を中心に飛んでいたが、本社をテキサス・インターナショナルのあるテキサス州のヒューストンへ移転させ、ヒューストン空港をハブにする。アメリカ中央部にハブ空港を構えるという運航方法で大手航空会社はネットワークを充実させたが、コンチネンタル航空もまさにそういう形になった。同じテキサス州にはダラスを拠点にするアメリカン航空があり、まさに対抗に火花を散らすことになったが、ピープル・エクスプレス買収で得たニューアーク空港は大西洋便への乗り継ぎ空港に利用する。これらはフランク・ロレンツォ氏の手腕だったと感じる。

ところが、前述のように雇用に関しては厳しい条件だったため社員の士気が低下したのも事実で、業績は低迷、１９９０年に再び会社が倒産する。フランク・ロレンツォ氏は、今度は「望まない会社再生法適用」を受けることになったとし、社長を辞任する。

コンチネンタル航空とは対照的に社員を大切にすることをモットーにしていた、やはりテキサス州が発祥のサウスウエスト航空は業績を上げていたこともあり、コンチネンタル航空も軌道修正し、結局は２度の会社倒産を乗り越える。１９７８年当時、全米７位の航空会社だったが、１９８４年には9位に落ち込んだ

コンチネンタル航空はヒューストンではなくロサンゼルスを拠点にしていた（ロサンゼルス 1986年）

ものの、1987年には同じテキサス・インターナショナル傘下で、全米4位だったイースタン航空を抜いて4位にまで上昇している。アメリカの航空会社上位2社はずっとアメリカン航空とユナイテッド航空であるが、3位以下は抜きつ、抜かれつの状態だった。

筆者はテキサス・インターナショナル傘下のイースタン航空を利用したことがあるが、キャビンクルーは「制服として会社から支給されるのはジャケットのみで、その下に着ているYシャツなどは自前」と言っていた。実際、シャツは人によって色が異なり、無地だったりストライプだったりであった。当時、日系航空会社のキャビンクルーは、たとえ自宅が横浜であっても成田空港までハイヤーで送迎していたことを思い出すと、待遇はものすごい違いであったように感じる。

今では当たり前のマイレージ・プログラムも戦国時代の産物

ハブ空港は、まさにアメリカ航空戦国時代を乗り切るため、大手航空会社が編み出した産物であったが、産物はハブ空港だけではない。現在では航空会社には付き物となった「マイレージ・プログラム」（FFP＝Frequent Flyer Programともいう）も、アメリカの航空戦国時代の産物で、1981年にアメリカン航空が、顧客を逃がさないようにと始めた「アドバンテージ・プログラム」が最初である。その後、ユナイテッド航空の「マイレージ・プラス」、ノースウエスト航空の「ワールドパークス」などとほかの航空会社にも波及している。

「マイレージ」というのは距離を表す単位のマイルのことで、長い距離を利用している、あるいは短い距離であっても頻繁にその航空会社を利用している顧客に、利用度に応じて特典として無料航空券を提供するという趣旨のものであった。前述したように「ハブ&スポーク」の運航にした結果、どの航空会社でもあらゆる区間で利用することができるようになったので、「次回も当社を利用してマイルを貯めてください」ということなのである。

航空各社はマイレージ・プログラムを持つようになるが、アメリカン航空が最初だった

このマイレージ・プログラムは世界の航空会社に波及することになるのだが、日系航空会社は「景品表示法」に触れる可能性があるということを理由に、当初はプログラムを日本では行なわなかった。おそらくやりたくなかったというのが本音だっただろう。日系航空会社のマイレージ・

プログラムが本格化するのはずっと後になる。

筆者が初めてマイレージ・プログラムに加入したのは1989年、ノースウエスト航空の「ワールドパークス」で、機内で機内誌にあった「現在乗っているフライトからカウントします」という申込書の綴じ込みがきっかけだ。そのときはドイツからアメリカへ、アメリカ国内を周遊して成田へ、さらに香港までを利用したので合計で1万5000マイル以上になった。会費などはなかったので駄目元で入会したのだが、入会ボーナスを含めると、のちに特典でシンガポール往復無料航空券が手に入った。マイレージ・プログラムを行なうためには、路線数が多く、利用機会が頻繁になければならず、大手航空会社が新規参入航空会社との差を見せるには有効な手段だったのである。

規制緩和で発達した予約システムCRS

こうして、アメリカの航空規制緩和はさまざまな副産物を生んだ。自由競争のなかで、自社を優位にするために、大掛かりなものとしては運航拠点をアメリカ中央部に移転させてでも「ハブ&スポーク」の運航にしたし、目に見えるようなものではないが「マイレージ・プログラム」はリピーター確保に貢献したのである。

そして規制緩和により、さまざまな新規航空会社が乱立し、大手航空会社の地位もいつ崩れるか分からなくなる中、大手各社が打ち出した防衛策でもっとも有効だったのが高度なＣＲＳ（Computer Reservation System）を構築、それを旅行会社に普及させることであった。それまでもＣＲＳはあったが、この時期に機能を大幅に強化させている。１９９０年代にはアメリカの航空戦国時代は終息するのだが、終わってみれば、航空会社の戦いというより、予約システムの戦いだったと表現することもあるくらいに重要な要素だった。

具体的にはユナイテッド航空の「アポロ」、アメリカン航空の「セーバー」がもっとも勢力のあったＣＲＳだった。それに続いたのがトランス・ワールド航空の「パーズ」、コンチネンタル航空の「システム・ワン」だったが、「パーズ」はのちにデルタ航空、ノースウエスト航空とともに「ワールドスパン」へと合流し、３社共同のＣＲＳとなる。航空各社の旅客数の順位と、ＣＲＳの勢力範囲には若干の差もあった。

ＣＲＳを旅行会社に売り込むことで、自社の顧客を増やすという戦略だったから、当然「セーバー」では、アメリカン航空の便が優先して表示される。たとえ他社に直行便があり、アメリカン航空だと乗り継ぎになってもアメリカン航空便が上位に表示されるのだから、旅行会社としては画面の上位に表示された便を販売する可能性が高くなる。これでは、ＣＲＳを持たない新規参入航空会社など太刀打ちできない。さらにＣＲＳの機能を強化した結果、ＣＲＳが予約人員などを管理、予約数の少ない便の運賃を値下げしたり、慢性的に予約数の多い便に対しては機材の大型化を会社に提案したりするなど、ＣＲＳは単に予約システムだけの存在ではなくなっていく。重要なマーケティングツールに進化していったのだ。

当時、日本の航空会社などは航空運賃をタリフという料金表化し、いわば紙の料金表で対応していた。しかし、アメリカ系大手航空会社の国内線運賃は、航空会社の発券カウンター職員でもＣＲＳの画面を見ないと、正確な運賃は分からなかったほどである。たとえばニューヨーク～サンフランシスコ間の運賃を、日付を指定して訪ねると、職員はＣＲＳを叩き、直行便、ダラス乗り継ぎの運賃などを照会、さらに「ローリー、ダラスと２回の乗り継ぎになりますが、スーパーセーバーレートならいくらで飛べます」となった。「予約と同時に発券、以降変更できません」などと案内された。これは、ＣＲＳが空席の多い便を探して、安い運賃を提供し、こうすることで多くの便の搭乗率を上げたのである。

格安航空会社の風雲児だったピープル・エクスプレスは運賃を機内で徴収、乗客全員が同運賃と前述したが、大手航空会社はこのＣＲＳを高度に進化させた結果、新規参入航空会社は収益性で太刀打ちできなくなっていく。格安航空会社は原始的な方法に頼らざるを得ず、かといって高度にＣＲＳを運用するには莫大な費用が必要だからである。たとえばアメリカン航空の「セーバー」は自社独自の開発ではなく、テクノロジー企業のＩＢＭとの提携によって構築されている。

実は、ＣＲＳ戦争は日本へも波及していて、日本では日本航空の「ＪＡＬＣＯＭ」（のちに「アクセス」）、全日空の「エイブル」（のちに「インフィニ」へ）の2社が多くの旅行会社に普及していたが、ユナイテッド航空の「アポロ」も多くの旅行会社で導入されていた。筆者が旅行会社に勤務していた当時も、小さな会社であったが、３つのＣＲＳすべてを導入していた。予約する航空会社によってＣＲＳを使い分けていたのである。

ニューヨークのパンナムビルも売却

国内線を充実させるためにナショナル航空を買収したパンアメリカン航空は、前述したように収益アップどころか、経営を悪化させてしまう。時期も悪く、パンアメリカン航空によるナショナル航空買収は１９８０年だが、１９７８年のイラン革命を発端にする第二次オイルショックが１９８３年まで続き、燃料が高騰した時期であった。

パンアメリカン航空には長距離国際線が多く、Ｂ７４７型ジャンボ機を世界で初めて運航した航空会社であるが、逆にいえば初期型のジャンボ機がほとんどなので、燃費のよくない４発エンジン機を多く運航していた。イラン革命などの影響でアメリカ発着の国際線利用者が低迷もしていたのである。こうして、業績のよかった子会社のインターコンチネンタルホテルズを１９８１年に売却する。インターコンチネンタルホテルとは世界主要都市に就航するパンアメリカン航空が手掛けたホテルグループで、第１号店はブラジルだった。当時、ブラジルには世界に誇れるような質の高いホテルがなかったというのが理由で、パンアメリカン航空は就航地の宿泊施設にもこだわったのである。さらにニューヨークのマンハッタンにそびえ建っていたパンナムビルも売却する。パンナムビルはパーク・アベニューの行き止まり部分に立つ高層ビルで、ニューヨークのランドマークとなっていた。

パンアメリカン航空はこの時期、起死回生に必死だったともいえ、それは機体デザインにも表れていた。この年代の旅客機の多くは、窓周りにラインがあり、その上に社名、尾翼にロゴマークが入るというのが定番デザインだった。当時の日本航空、全日空を始め、世界の航空会社も同じだった。しかし、現在は窓周りのラインは少なくなり、その分、機体に社名を大きく描き、社名を覚えてもらうことを優先する傾向にあるが、この「機体に社名を大書きする」というデザインを世界で初めて本格的に行なったのがパンアメリカン航空であった。

窓周りの帯を窓下に移動し、社名を大きくしたもの、帯を残しながらも社名を大きくしたものなど、試行錯誤が繰り返され、最終的には帯をまとわず、社名だけを大書きしたものが採用された。「パンナムはまだまだ健在だぞ」と言わんばかりの機体デザインだったのが印象的であった。

ニューヨークのマンハッタン一等地にそびえ立っていたパンナムビルは保険会社へ売却（1984年）

パンアメリカン航空は機体に大きく社名を記して健在ぶりをアピールした（リオデジャネイロ 1987年）

パンアメリカン航空は太平洋便をユナイテッド航空に売却

パンアメリカン航空は苦しい経営を強いられていたが、１９８５年、30機近くもの新品のエアバスＡ３００型機とＡ３１０型機を発注するというニュースが話題になった。「経営難のパンアメリカン航空のどこにそんな資金があるのか」と世界は首を傾げたが、加えて疑問もあった。当時のエアバス機は、太平洋を直行できるような長距離用機材ではなかったのだ。エアバス機を買ってもサンフランシスコ〜東京間でさえ運航できない。いったいどのような使い方をするのかと…。

ところが間もなく、パンアメリカン航空が太平洋便を機体、乗員、空港施設ごと、ユナイテッド航空に7億５０００万ドルで売却するというニュースが世界を駆け巡ったのである。これには航空業界、旅行業界関係者は驚いた。当時のパンアメリカン航空の太平洋便には北米〜アジア（韓国、中国など）を直行する便は無く、すべて成田に集結していた。それがすべてユナイテッド航空に切り替わるなどというのは、寝耳に水の話だった。

そもそも同社はより収益の増大を狙って国内線に進出し、それが失敗していたが、国際線ネットワークの中で、太平洋便はドル箱路線であった。筆者は当時、なぜそんな「ドル箱路線を売却してしまうのか」と疑問にも思ったが、のちになると弱肉強食のアメリカ航空業界はそれが掟とも感じるようになった。ドル箱路線を売却するしか会社存続の道がなかったのである。それほどに収益が悪化していたことになる。

同社はドル箱の太平洋便の売却益で新品のエアバス機を導入、そのエアバス機を大西洋便の機体刷新に充て、残る大西洋便、中南米便、そして国内線という態勢を再構築し、会社を再建しようと考えたのである。太平洋便の売却は「背に腹は代えられない」策だったのだ。国によって守られていた日本の航空会社とはまったく異なり、それほどまでに、アメリカの航空会社は厳しい競争にさらされていた。

いっぽうのユナイテッド航空は１９８３年にシアトルから週６便、ポートランドから週１便を成田へ運航を始めていたものの、長距離国際線はこの週７便だけであった。ユナイテッド航空はアメリカで1、2位を争う大きな航空会社ながら、国際線はというと、同年まではアメリカと隣接するカナダとメキシコ、カリブ海など、近隣へ国内線機材を使って運航するのみであった。そんな航空会社が、いきなり数多い太平洋便を手に入れたのである。ユナイテッド航空にとっても、大きな冒険であったことは間違いない。

パンアメリカン航空の機体がユナイテッド航空へ売却され、
少しずつデザインが変えられていった

パンアメリカン航空だった頃のデザイン（成田 1984年）

まずは機体の社名がユナイテッド航空になり、尾翼のロゴが消された（成田 1986年）

機体はパンアメリカン航空の帯だが、尾翼がユナイテッド航空のロゴに（成田 1986年）

完全にユナイテッド航空のデザインとなり、パンアメリカン航空の面影が無くなる（成田 1986年）

パンアメリカン航空は太平洋便の売却益で新品のエアバスを購入した（フランクフルト 1985年）

憧れだったパンアメリカン航空の世界一周便

パンアメリカン航空の日本撤退は当時、筆者にとっても驚きのニュースであった。筆者が初めて航空機に乗ったのが１９７５年であるが、羽田空港の展望デッキへ行くと、午後、パンアメリカン航空の世界一周便の西回りと東回りのＢ７４７型ジャンボ機が到着、展望デッキ真下の22番スポットに横付けされた。印象に残っているのは出発ロビーにある出発案内ボードで、ほかの便は便名、出発時間、行先が表示されているのに対し、パンアメリカン航空の世界一周便の行先は「ＲＴＷ」と表示されていた。ＲＴＷとはRound The Worldの略で、何とも旅心をくすぐられる表記であった。

手元に１９８２年のタイムテーブルがあるが、ルートはロサンゼルス～東京（成田）～香港～バンコク～デリー～カラチ～イスタンブール～フランクフルト～ロンドン～ニューヨークの毎日運航で、デリー～カラチの部分は曜日によってはボンベイ（現在のムンバイ）～ドバイとなっていた。曜日によって経由地が異なるが、毎日寄航の都市では発着時間が同時刻に揃えられていた。

さらに1969年のタイムテーブルによれば、ロサンゼルス～ホノルル～東京（羽田）～香港～バンコク～デリー～テヘラン～ベイルート～イスタンブール～フランクフルト～ロンドン～ニューヨークの毎日運航で、バンコクからベイルートの区間が、曜日によってデリー～カラチ、カルカッタ（現在のコルカタ）～カラチ、ラングーン（現在のヤンゴン）～カルカッタ～カラチとなっていた。

この年まで遡るとイラン革命以前になり、アメリカ系航空会社がイランのテヘランに就航していたことに驚くだろう。ミャンマーになる以前のビルマへ就航していたことも意外であるが、当時はロンドンから羽田へのＢＯＡＣ（British Overseas Airways Corporation＝英国海外航空）機もラングーンに寄港するなど、当時のビルマは東西交易の要衝だった。同様に中東では、現在ではドバイ、アブダビ、ドーハなどが代表的な中継地であるが、当時はレバノンのベイルートが交通の要衝であった。便名は古くから西回りが００１便、東回りが００２便で、この数字からも国際線代表格の威厳を感じたものである。

そのパンアメリカン航空が日本へ来なくなるということは、この世界一周便も消えてしまうということで、筆者は大変残念に思ったものである。パンアメリカン航空が太平洋便から撤退後、１９９０年のタイムテーブルを見ると、ロサンゼルスからホノルルまでの国内線は残っているのと、大西洋路線はヨーロッパを経由してインドまでは運航していた。世界一周にはならなくても、何とか大西洋便の延長としてアジア経由で日本へ再就航できないものかと、パンアメリカン航空の日本再乗り入れを切望したものである。

3機並んだパンナム機、奥から世界一周便、ニューヨーク便、大阪行き（成田 1984年）

１９９０年の路線図を眺めると、ナショナル航空を買収したもののアメリカ中央部のネットワークはすかすかで、国内路線は結局充実しなかった。いっぽうで、ナショナル航空が拠点にしていたマイアミを手に入れているので、そのマイアミを拠点にした中南米路線に力を入れていたことも見て取れるのである。

パンアメリカン航空が発案した長距離用機材

アメリカの航空戦国時代を体現したようなパンアメリカン航空だが、日本便は重要視されていたというエピソードに触れておきたい。

前述のとおり、同社はボーイングのB747型ジャンボ機開発に大きな功績を残すが、このB747型の初期の機体はアメリカ西海岸〜東京間を運航するのがやっとの航続性能であった。そこで、パンアメリカン航空はニューヨーク〜東京間を直行できる機体の開発をボーイング社に依頼する。パンアメリカン航空は、ボーイング社にとって重要な顧客である。

航続距離を長くするということは燃料を多く積むことなので、当然機体は重くなる。その重い状態で、限られた長さの滑走路で離陸できる推力の強いエンジン開発が航続距離の長い機体を開発する鍵である。しかし、新しいエンジン開発には莫大な費用と時間が必要で、それなりの需要が無いと開発には踏み切れない。そこで、比較的簡単に長距離型を開発する方法として、既存の機体を短くするというやり方がある。エンジン性能は同じで、機体が短い分、旅客定員や搭載貨物量は減るものの、エンジン性能が同じなので最大離陸重量は同じである。すると搭載旅客と貨物が減った分を、航行の燃料に充てられるというわけだ。こうしてB747型の長距離型B747SP型機が誕生、1976年、ニューヨーク～羽田間を直行便で結んだのである。

この機体は通常のB747型ジャンボ機に比べて機体が短い分、ずんぐりむっくりの印象で、旅客定員などが少ない分、経済性では劣った機体になったが、意外に多くの需要があった。オーストラリアやアルゼンチンなど、そもそも世界の主要都市から離れた位置にあるため長距離機材を欲していた国、南アフリカ、イラン、台湾など、外交的に孤立していて、目的地まで無給油で飛べる性能を欲していた国の航空会社も導入した。しかし、皮肉にもパンアメリカン航空は太平洋路線から撤退すると、わざわざボーイングに働きかけてまで開発した長距離用機材が不要となってしまっ

B747SP は南アフリカ共和国など、主要都市から遠い国や外交的孤立の国でも重宝（フランクフルト 1985年）

た。その後は大西洋便に力を入れるのだが、大西洋なら双発のエアバス機でも飛べる。こうしてパンアメリカン航空の発案だった長距離用B747SP型機はユナイテッド航空へ移籍した。

アメリカ系航空各社は外国人旅行者用に周遊券を発売

世界の航空業界の先を行くような、アメリカの航空戦国時代だが、その分、サービス面での魅力もあった。中でも日本人旅行者を始め海外からアメリカを訪れる観光客に馴染みがあったのが、アメリカの航空各社が販売するアメリカ国内周遊券であった。最低3回、もしくは4回、最大で10回ほどアメリカ内の国内線に乗れるというもので、ルートを決めて、2回目以降の予約は変更可能、最大60日、アメリカを訪れる観光客用の割引運賃なので、アメリカやカナダ、メキシコなどの国籍の人は利用できないというのが、おおよそのルールだった。

当然、路線数や便数の多さなどによって運賃が変わるので、アメリカン航空やユナイテッド航空の周遊券は高く、中堅航空会社のものは安かった。そこで、運賃の安い中堅航空会社の周遊券と、当時多く飛んでいたアジア系航空会社が運航する太平洋便の航空券を組み合わせるのが、アメリカ格安旅行の定番方法だった。

当時、成田～ロサンゼルス間には大韓航空、タイ国際航空、マレーシア航空、シンガポール航空、ヴァリグ・ブラジル航空など、日本とアメリカ以外の航空会社も多く飛んでいて、西海岸までならかなり安く飛ぶことができた。それに中堅航空会社の周遊券３回分をプラスすると、格安にロサンゼルス、フロリダ、ニューヨークなどと周遊できたのである。現在よりアメリカ旅行が格段に手軽であった。

筆者が実際に利用した例を紹介しよう。

成田～ロサンゼルス間をマレーシア航空で飛び、イースタン航空の周遊券４枚３３０USドルで、ロサンゼルス～マイアミ、ウエストパームビーチ～モントリオール、トロント～アトランタ～ロサンゼルスと４回空路を利用し、マイアミ～ウエストパームビーチ間とモントリオール～トロント間は陸路を利用した（ア

カナダも含めたアメリカ周遊に利用したイースタン航空（マイアミ 1987年）

メリカ国内周遊券はカナダへの路線も含まれていた）。

また、成田～ロサンゼルス間をタイ国際航空で飛び、トランス・ワールド航空の周遊券3枚299USドルで、ロサンゼルス～セントルイス～マイアミ～ニューヨーク～ロサンゼルスと回ったこともある。フライトが4回になっているが、セントルイスは乗り継ぎのみ、多くの航空会社のルールでは、拠点空港で乗り継ぎの場合は2便に乗っても1回にカウントされた。当時のアジア系航空会社の日本～ロサンゼルス間の往復は5万円台で入手できたので（燃油サーチャージはなかった）、アメリカ国内の周遊券をプラスしたトータルでも格安の旅行ができた。

アメリカ系航空会社の太平洋便は、日本から直行便のある都市往復でも国内のフライトを追加しても、ゲートウェイ都市に滞在しなければ同料金だったルールも利用した。太平洋便をデルタ航空で成田～ポートランド、シアトル～ポートランド～成田とし（復路のポートランドは乗り換えのみ）、アメリカウエスト航空の周遊券4枚219USドルでポートランド～フェニックス～シカゴ～ラスベガス～シアトルと飛んだのである。

周遊券を利用するほどではない場合は、YVUSA運賃があった（Yブサと呼んだ）。Y（エコノミークラス）のVisit USA運賃というもので、やはり海外からアメリカを訪れる観光客用の割引運賃である。これなら1区間でも購入できた。成田空港開港後も羽田発着で残っていた中華航空（現在のチャイナエアライン）を利用し、羽田～サンフランシスコ、ロサンゼルス～ホノルル～羽田と飛んだ。西海岸内は、サンフランシスコ～サンディエゴ間をパシフィックサウスウエスト航空、サンディエゴ～オレンジ・カウンティ間をエアカル、ロサンゼルス～サンタバーバラ間をスカイウエスト航空で飛んだ。西海岸内の周遊なら周遊券を利用しないほうが得であった。

当時の日本の国内線には割引はほとんど無く、羽田～沖縄間が、片道3万円以上していたので、アメリカ国内周遊券の旅は、日本国内の航空旅行よりずっとお得だったのである。

買収劇は中堅航空会社へ移行

1980年代後半になると、アメリカの航空業界はかなり整理され、地域の航空会社や中堅航空会社はさらに大きな航空会社との統合を余儀なくされた。規制緩和によって新規参入の航空会社が増えたものの、この頃になると以前からあった航空会社同士が統合などによって整理されたので、航空会社数はむしろ減ってくる。

たとえば、１９８９年にはＵＳエアがピードモント航空を買収しているが、大きな航空会社がローカルな航空会社を買収したのではなく、東部を拠点にする航空会社が西部を拠点にする航空会社の買収でネットワークを広げるというものでもなかった。自社とほぼ同じ規模、拠点も同じような地域の航空会社を買収したわけで、弱小航空会社は既に存在せず、買収劇は中堅航空会社に移っていたということである。

いっぽう、太平洋路線をユナイテッド航空に売却したパンアメリカン航空は、残る大西洋便や南米便を充実させて起死回生のはずだったが、業績は上向きにならなかった。航空会社数が少なくなり、生き残った航空会社は徐々に力を付けると、今度は国際線にも積極的になる。

すると、アメリカからの国際線でもっとも需要があるのはやはりロンドン、パリといった大西洋便で、それまで国際線にあまり興味のなかったアメリカン航空、ユナイテッド航空、デルタ航空、イースタン航空、ＵＳエア、太平洋便に強かったノースウエスト航空も大西洋便に進出する。パンアメリカン航空に強敵がたくさん現れるのである。以前から大西洋便に強かったトランス・ワールド航空だってあった。

さらに、多くの航空会社は自社のハブ空港からの便をヨーロッパへ飛ばしたので、多方

ピードモント航空を買収したUSエア（ロサンゼルス 1992年）

面からの利便性が期待できた。それに対し、パンアメリカン航空は相変わらずニューヨーク～ロンドン間などのもっとも需要のある区間は押さえていたものの、アメリカ各地からハブ空港へ集客し、そこからヨーロッパへ向かうという運航方法ではなかった。

パンアメリカン航空にとって不幸な出来事も起こる。１９８８年、フランクフルト発ロンドン経由ニューヨーク行きＢ７４７型ジャンボ機がスコットランド上空で空中分解、墜落する。残骸を詳細に調べた結果、リビアのテロリストが時限爆弾を仕掛けたことによる事件であったことがのちに判明するが、事故直後は、この機体が生産15機目の初期型のＢ７４７型機だったため、金属疲労などが疑われる。「パンアメリカン航空は経営不振から機体刷新が遅れていた」という認識が、ここで広まってしまうのである。この事件は、便が遅延していたのでスコットランドに墜落したが、定刻に運航していたら北大西洋上で墜落していたことになり、原因解明が困難だったかもしれなかった。

トランプ元大統領も航空業界に関連していた

パンアメリカン航空がおぼつかない経営に陥るこの時代、それを垣間見るような出来事、それも「今となっては」という話題にも触れておこう。

イースタン航空といえば日本では知名度が低いが、規制緩和以前はアメリカでは主要な存在で、ビッグ4の一角を占める大手航空会社であった。ボーイングのベストセラーだった「セブンツーセブン」ことB727型機、その後継機となるB757型機といった機体を世界で初めて就航させた航空会社で、ともにアメリカ国内線専用であった。

ボーイング、ダグラス、ロッキードといったアメリカ製旅客機全盛だった時代に、ヨーロッパはエアバスを開発し、当時アメリカ製が寡占状況だった旅客機市場に参入するのだが、ボーイングなどのお膝元であるアメリカ市場にも参入したいエアバス社は、無料で機体を貸し出すという前代未聞のセールスに出る。こうしてエアバスの新鋭機A300型機が貸し出されたのがイースタン航空であった。旅客機を「無料で貸し出しますので、気に入ったら買ってください」というのである。性能のよさを認識したイースタン航空はエアバスA300型機を導入、アメリカの航空会社で初めてヨーロッパ製エアバスを導入した航空会社となった。

しかし、社名からも分かるがアメリカ東部のみがテリトリーで、規制緩和以降も西部への路線をうまく拡大できず、東部でも規制緩和によって苦戦を強いられていた。

イースタン航空倒産の2年前、１９８９年にはこんなエピソードがある。イースタン航空にとってドル箱路線であったニューヨーク・ラガーディア空港、ワシントン・ナショナル空港、ボストン・ローガン空港、この3地点を結ぶ路線は「シャトル便」として運航し、需要が高く、予約なしで利用できる高頻度路線であった。そして、経営不振に陥っていたイースタン航空から、この3路線を空港施設、機体、運航権ごと買収したのが、当時不動産王といわれていた元アメリカ大統領ドナルド・トランプ氏である。

パンアメリカン航空の太平洋線売却時と同様で、その会社のもっともドル箱路線を売却するしか会社存続ができないといった切羽詰まった状況である。日系航空会社でいえば、羽田、新千歳、福岡の3地点を売却するようなもので、その後ローカル便だけでどうやって経営を立て直すのかと思ってしまう。しかし、弱肉強食のアメリカ航空業界では、それが掟のような状況だった。結局、その2年後にイースタン航空は破綻する。

ドナルド・トランプ氏はこのとき初めて航空会社経営に乗り出し、この3路線を「トランプ・シャトル」として運航した。運賃は大手よりも高額で、座席を革張りにするなど高級感を出し、高級ビジネスマンやセレブたちを相手に、いわば格安航空会社の真逆のような運航をしていた。当時、ドナルド・トランプ氏はニューヨークの超一等地にトランプタワーを建てるなど、不動産王として知られていたが、トランプ・シャトルも彼らしい経営として話題になったのである。

筆者はアメリカの多くの航空会社に乗ったが、トランプ・シャトルは乗った経験が無い。運賃が高いだけでなく、前述のような高級路線だったので、GパンにTシャツで乗れるような雰囲気ではなかったのである。

しかし、トランプ・シャトルは長続きしなかった。ボストン～ニューヨーク～ワシントン間はアメリカでは数少ない鉄道が発達した区間で、アムトラック（アメリカ旅客鉄道輸送公社）がスウェーデン製高速車両を導入、競合が激しくなると、あっさりと手放してしまう。ドナルド・トランプ氏は実業家ゆえに撤退も早く、3年間飛んで1993年にUSエアへ売却、USエア・シャトルとなる。

ドナルド・トランプ氏が経営していたトランプ・シャトル。機体に「トランプ」とある（ボストン 1989年）

この時代のアメリカ航空業界は、奇想天外な世界であったように思う。

日本への太平洋路線もハブ直行が主流に

こうしたアメリカの航空会社の動きを、日本路線側から見てみよう。

アメリカの航空規制緩和以前、アメリカ大陸から日本へ運航するアメリカ系航空会社は、パンアメリカン航空とノースウエスト航空の2社で、それに加えてコンチネンタル航空がグアムとサイパンから日本へ乗り入れていた。規制緩和以降、１９８５（昭和60）年にはパンアメリカン航空路線がユナイテッド航空に変わったことは大きかったが、１９８０年代後半にはアメリカ国内の航空会社再編劇が一段落したせいか、各社とも国際線を開拓する余力ができ、１９８７（昭和62）年にはアメリカン航空とデルタ航空が初の太平洋国際便を成田へ就航させた。

国際線の飛び方も時代とともに変わっていった。それまではロサンゼルス、サンフランシスコ、ニューヨークなど、需要のありそうな都市から日本へ飛んでいたが、１９８７（昭和62）年に就航したアメリカン航空はダラスから、デルタ航空はポートランドからの便であった。両都市とも日本との需要が多い都市ではない。アメリカン航空がダラスから飛んだのは、いうまでもなく自社のハブ空港からの便で、日本線はそのスポークにあたる路線であった。こうすることでさまざまな都市への利便性が向上する。

デルタ航空はポートランドを太平洋便のゲートウェイとする狙いがあった。これに習ってユナイテッド航空はシカゴ便、ノースウエスト航空はミネアポリスやデトロイト便と、自社のハブ空港発着便を重視するのである。

筆者の経験からも、ハブ空港便は便利であった。ハブ空港へ到着することで、乗り継ぎにはなるもののニューヨーク、ボストン、ワシントン、フロリダ各都市、どの都市へもほぼ同じ所要時間で行けた。それどころか、東京から直行便のあるニューヨークでさえ、ハブ空港で乗り換えたほうが便利に感じた。直行便の所要時間が短いことは事実だが、直行便はジョンFケネディ空港に到着、ここは世界の航空会社が集まる国際空港なので入国審査も時間を要した。

しかし、アメリカでは最終目的地に関わらず、最初に到着した空港で入国審査となるので、乗り換え便では、乗り換え地で入国審査となる。乗り換え便の所要時間には入国審査時間が含まれていて、さらにニューヨークでは市内に近いラガーディア空港発着の便が多かった。ハブ空港は、その航空会社の入国専用空港みたいなもので、入国審査場も混んでおらずスムーズだったのだ。航空各社は、ハブ空港での乗り継ぎがスムーズであることをアピールして、自社の優位性を高めていたので、入国審査もスムーズになるよう、日本からの便が到着すると日本語のできる日系人などを配置するなどして、敏速化に努めていた。

ノースウエスト航空の拠点デトロイト、ハブ空港の入国審査はスムーズだった（デトロイト 1995年）

いっぽう、特定の航空会社のハブ空港ではないニューヨークのジョンFケネディ空港国際線ターミナルなどは、いわば入国審査に時間を要したところで、それはそれでかまわないという姿勢であった。

１９８９年にはコンチネンタル航空がシアトルからの便を開設。この便は後に双発機の性能向上から、自社のハブであるヒューストンとニューアークからの便へと発展する。さらに１９９１（平成３）年にはアメリカウエスト航空がフェニックスからホノルル経由で名古屋へ乗り入れた（ただしこの便は1年ほどで撤退する）。実現はしなかったが、トランス・ワールド航空が、やはり自社のハブであるセントルイスから成田への便を計画していた。

日系航空会社の役割は「45－47体制」で決まっていた

さて、当章最後にアメリカとは対照的な日本国内の航空会社の動きに触れておこう。アメリカで航空業界の厳しい弱肉強食が繰り広げられていたこの時代、日本では鉄道が発達していたため、国内では航空会社間の競争はなかったといっていい。

１９７０年代、日本は半官半民の日本航空、民間の全日空と東亜国内航空の３勢力で運航していた。全日空は日本ヘリコプター輸送（東日本中心の路線で、実際にはヘリコプターではなく航空機を運航）と極東航空（西日本中心）を統合したもので、２レターコードはＮＨとなったが、ＮＨとは日本ヘリコプター輸送時代からのものである。東亜国内航空はローカルな航空会社が統合した日本国内航空と、東亜航空がさらに統合してできたものなので、２レターコードＪＤは日本国内航空のJapan Domesticからのものだった。

日本航空以外は民間会社であるが、国の政策によって運航の割り当てが決められていて、日本航空は国際線と国内幹線、全日空は国内線全般、東亜国内航空は国内ローカル線担当と定められていた。国が、航空各社の役割分担を決めていたのである。この政策は

1970（昭和45）年に閣議了解され、1972（昭和47）年に運輸大臣通達が出されたので「45－47体制」といい、〃航空憲法〃とも呼ばれた。

この政策によって自由競争が阻害されていた上、運賃も国が決めていた。ある区間の運賃を、日本航空が2万円、全日空が2万3000円、東亜国内航空が1万9000円で申請すると、運輸省から「全社2万1000円にするように」と決められていたのである。自由な競争は微塵も無く、アメリカとはあまりに違いがあった。しかし、当時の日本ではそれが当たり前と思われていて、どちらかと言うと、パンアメリカン航空撤退時などは、「アメリカはおかしい」とさえ思われていた。

この「45－47体制」が見直されるのは1985（昭和60）年である。国内航空需要の増加で、日本航空も儲かる国内線へ進出したくなってくるほか、全日空なども国際線運航の夢を叶えたくなる。こうして日本航空は1987（昭和62）年に民営化して幹線以外の国内線にも進出、全日空にも国際線を認め、1986（昭和61）年にグアム便が就航、翌1987（昭和62）年には日本エアシステムのソウル便が就航する。日本エアシステムとは東亜国内航空の新社名で、国際線就航を機に「国内航空ではおかしい」ということからの社名変更だった。

しかし、長く続いた「45－47体制」の影響で、その間、日本の航空会社には自由な競争がなかったことは、裏を返せば国によって守られていたともいえる。いっぽうでアメリカでは自由な競争を勝ち抜いた航空会社だけが残っていたので、世界と日本、とくにアメリカの航空会社との間に大きな競争力の差ができていたのも事実だった。

日本航空、全日空、日本エアシステムの大手3社態勢になるのだが…（羽田 1991年）

第2章

世界の航空会社が航空連合を形成
―1990年代

１９８０年代のアメリカでは航空会社が激しい競争にさらされ、その結果、世界的に有名な航空会社すら表舞台から姿を消していくことになり、その流れはやがて大西洋、太平洋へと波及する。アメリカを端とする航空会社再編劇は世界に波及していくのである。世界の主要航空各社は生き残りをかけて連合を組み、派閥化されるが、世界の中では、戦国時代を切り抜けたアメリカ系航空会社は圧倒的な強さを誇った。

いっぽうで、世界では東西冷戦終結、中国が市場経済を採用するなどの変化を遂げる中、日本の閉鎖的な市場、規制だらけの運賃形態、空港整備の遅れなども問題になっていく。

ついにパンアメリカン航空はその歴史に幕を閉じる

太平洋便をユナイテッド航空に売却したものの、パンアメリカン航空は経営回復とならず、大西洋便まで部分的に他社に切り売りしては細々と運航を続けるのだが、１９９１年、ついに倒産してしまう。航空規制緩和以降、統合、買収、身売りなどが多くなるが、大形倒産はあまり例がなかった。倒産する前に他社に買収されるのが常であったのだ。では、なぜパンアメリカン航空はどこにも買収されることがなかったのか疑問にも思えるだろう。しかし、正確には「買収されなかった」のではなく「買収できなかった」というところなのである。

パンアメリカン航空は経営不振から勢いが無くなっていたとはいえ、規模が大きな航空会社である。当時、同社を買収するだけの財力を持つ航空会社といえば、アメリカン航空、ユナイテッド航空、デルタ航空、この3社しか見当たらない。しかし、3社とも購入できない理由があった。

まず、アメリカン航空はもっともパンアメリカン航空に近い存在であったが、購入に二の足を踏んでしまった。そもそもアメリカン航空は、西海岸路線強化のためエアカルなどを買収しているが、会社のタイプとして、他社の買収で大きくなるのではなく、一貫して自社の質を高める航空会社であった。世界で初めてマイレージ・プログラムを導入、CRSではセーバーを全米の旅行会社に展開、ダラスを拠点にハブ&スポークの運航と、すべてが自社便の優位性を上げる施策であった。そういうタイプの航空会社だったので、他社の買収には積極的ではなかったのだ。

いっぽう、ユナイテッド航空はどうか。同社はパンアメリカン航空の大西洋便や南米便は欲しかったはずである。しかし、買うに買えない理由があった。それは、すでにパンアメリカン航空の太平洋便を購入しており、加えて国内線ももっとも充実している航空会社が、大西洋便や南米便まで購入すると、アメリカでは独占禁止法に抵触する可能性が大きかった。購入を見送るしか選択がなかったのである。

喉から手が出るほどパンアメリカン航空の路線を手に入れたかったのはデルタ航空である。しかし、時期が悪かった。デルタ航空は1987年にユタ州のソルトレイクシティを拠点とするウエスタン航空を買収している。これはデルタ航空にとっては大きな買物で、それまでアメリカ東部を中心に運航していたデルタ航空が、西部に多くの路線を持つウエスタン航空を呑み込んだばかりだったのである。規模的にはさほど変わらないくらいの航空会社を買収したばかりで、その統合業務に追われていて、そこに、さらに大きな買物となるパンアメリカン航空買収などとても無理だった。

つまり、アメリカの航空会社再編は、業界が思っていたよりも速いスピードで展開してしまったのである。こうしてパンアメリカン航空はどこにも一括買収されることなく、路線権、空港施設、機体などがバラバラにさまざまな航空会社に切り売りされた。

さらにパンアメリカン航空の倒産と同じく1991年にはイースタン航空も倒産、こちらも一括買収は無く、切り売りとなった。同社はかつてアメリカの航空会社ビッグ4に数えられた航空会社であった。航空規制緩和直後の勢いがあれば、一括で買収できる航空会

デルタ航空が買収したウエスタン航空。この買収でパンアメリカン航空買収を見送る（ロサンゼルス 1986年）

社は多くあったように思えるが、航空各社は規制緩和後の航空戦国時代を乗り切るのに必死で、各社は疲弊していたのである。

　規制緩和による航空戦国時代が一息つくと、アメリカの航空会社は、アメリカン航空、ユナイテッド航空、デルタ航空、ノースウエスト航空、コンチネンタル航空、トランス・ワールド航空、ＵＳエア、アメリカウエスト航空、サウスウエスト航空といったところに落ち着く。規制緩和以降に誕生した航空会社はアメリカウエスト航空のみが生き残った。

アメリカ系航空会社圧倒的有利の時代

　１９８０年代、規制緩和後の航空戦国時代を勝ち抜いたアメリカの航空会社は、国際線でも攻勢を強める。日本乗り入れの太平洋便は老舗のノースウエスト航空、すっかり国際線にも馴染んできたユナイテッド航空、そして太平洋便としては新規参入だったアメリカン航空、デルタ航空、コンチネンタル航空が加わり、競争が激化する。

第1章で述べたアメリカ国内周遊券も条件が変わってくる。国際線もその航空会社を利用したかどうかで価格が変わり、当然同一の航空会社の場合は安くなった。これでは日本へ乗り入れていない航空会社の周遊券は不利である。そうこうしているうちに、国際線を購入すると周遊券が付いてくるようなルールに変更となった。東京〜ニューヨーク間の往復運賃でアメリカ内4都市まで周遊可能となり、東京〜ニューヨーク間往復でも、東京〜ニューヨーク〜マイアミ〜ロサンゼルス〜サンフランシスコ〜東京と周遊しても同料金というものだ。

筆者もこのルールは最大限利用させてもらった。例をあげていくと、ノースウエスト航空で成田〜シアトル〜ミネアポリス〜ニューヨーク〜デトロイト〜成田と4都市周遊したのはオーソドックスなルートだ。

アメリカン航空で成田〜ダラス〜ニューオリンズ〜ダラス〜ロサンゼルス〜サンノゼ〜サクラメント〜サンノゼ〜成田と飛び、1回目のダラスとサンノゼを乗り継ぎのみにすれば、これでも4都市周遊に収まった。

同じくアメリカン航空で成田～サンノゼ～シカゴ～ニューヨーク～ボルティモア、ボストン～サンノゼ～成田と飛び、ボルティモア～ボストン間は陸路、サンノゼは乗り継ぎのみとし、乗り継ぎのみの都市は訪問都市数に数えないルールを活かした。

やはりアメリカン航空で成田～サンノゼ、サンフランシスコ～ニューヨーク、オーランド～ダラス～シアトル～成田と飛び、ニューヨーク～オーランド間は陸路、サンノゼとサンフランシスコは同一都市扱い、ダラスは乗り継ぎのみにすればこんなルートも可能だった。

デルタ航空では成田～ポートランド～ニューヨーク～アトランタ～ロサンゼルス～サンフランシスコ～ポートランド～成田と飛んだが、やはりポートランドは乗り継ぎのみで訪問都市数には数えない。

こうなってくると路線網が充実している航空会社が有利で、４都市の中にはホノルルも含まれていたので、ノースウエスト航空とユナイテッド航空ではハワイも周遊範囲に含まれた。ユナイテッド航空ではアメリカ内の範囲にメキシコシティまで追加され、ネットワークの広い航空会社の優位性は決定的になってくる。

もっともダイナミックに利用できたのがユナイテッド航空で、日本発アメリカ経由ヨーロッパ往復航空券すらあり、ヨーロッパ往復の途上でアメリカ内4都市周遊が可能だった。成田～ニューヨーク～ロンドン、パリ～シカゴ～ロサンゼルス～成田（ロンドン～パリ間は陸路）と飛んだ。実際にはアメリカでもう1都市まわれたのだが、ヨーロッパ行きがメインの目的だったので、欲張らずに3都市のみで帰国したほどである。現在では考えられないかもしれないが、筆者は1997（平成9）年6月、ヨーロッパの気候がもっともいい季節にこの航空券を10万9000円で購入している。当時は「燃油サーチャージ」などという言葉すらなかった。そして、このユナイテッド航空のヨーロッパ行きにはおまけが付く。1回の旅行で飛行距離は2万マイルを超えるので、帰国後、マイル特典で香港などアジア旅行ができたのだ。

日本からヨーロッパへ行くにもユナイテッド航空を利用した（パリ 1992年）

こうして、アメリカ系航空会社は自社のネットワーク、ハブ都市での乗り継ぎは訪問回数に数えない、さらにはマイレージ・プログラムの特典などを武器に、顧客を増やしていくのである。

ちなみに当時の日系航空会社はアメリカ内でのネットワークなど無く、マイレージ・プログラムの条件はハードルが高かったほか、価格でもまったく競争にならなかった。

マイペースで優良航空会社となったサウスウエスト航空

アメリカ航空戦国時代は、各社が生き残りのため競争にしのぎを削ったが、統合、買収、身売りなどを一切行なわず、ハブ空港も設けず、航空戦国時代をマイペースで悠々と生き延びた航空会社がある。それが格安航空の元祖ともいえるサウスウエスト航空である。

サウスウエスト航空はテキサス州内で１９７１年に運航を始めた、格安を武器にした航空会社であった。他社同様に、航空規制緩和から徐々にネットワークを広げていったが、他社とはまったく異なる発展過程を経ている。

規制緩和によって、航空各社は自社の優位性を高めようと、統合、買収、国際線進出、ハブ空港化、マイレージ・プログラム、高度なＣＲＳの構築など、あらゆる手段を駆使して激しい競争となった。その結果、社風の異なる会社同士が統合されたり、異なる機材を多く保有することになったりといった弊害もあった。

当初、サウスウエスト航空は「複数の州に運航するための運航規定」を回避するため、テキサス州内のみを3機のB737型機で運航を始めた。テキサス州内のみといっても、その面積は日本より広い。ダラスを拠点にヒューストン、サンアントニオの相互間のみの運航、どの区間も短時間のフライトなので、機内サービスを簡略化、運賃を格安にするという方法で成功していた。

拠点にするのはダラスだが、アメリカン航空が拠点にするダラス・フォートワース空港ではなく、小規模ながら市内に近く、古くからあるダラス・ラヴフィールド空港を拠点にしていた。規制緩和によって、路線拡大のチャンスがやってくるのだが、ラヴフィールド空港には「隣の州までしか直行便を飛ばしてはいけない」という決まりがあった。サウスウエスト航空としては、ニューヨークやロサンゼルスなどに直行便を飛ばしたいのだが、それが叶わない。この不条理ともいえるルールは、新しいダラス・フォートワース空港を活性化させる狙いからであった。

しかしサウスウエスト航空は、このルールを回避できないのなら、と、逆転の発想で路線を増やす。遠くへ直行便を飛ばせないので近距離便のみに力を入れ、遠距離へは経由便を飛ばした。その結果、ほかの航空会社が、一点に路線が集まるハブ&スポークの路線構成に力を入れたのとはまったく違っていて、網の目のような路線構成になり、それは路線図を見れば歴然であった。広い地域で格安運賃を提供、人気が高まるのである。

どの路線も1～2時間程度の短距離フライトになったため、長距離用機材は不要で、同じB７３７ばかりを増備した。同じ機材ばかりだったのでパイロット養成やメンテナンスの点でも有利であった。機内食なども無いので清掃にも時間を要せず、空港での折り返し時間は短くて済む。つまり、現在のＬＣＣの手法は、１９８０年代に同社が確立していたのだ。

こういった手法で、東はワシントン、西はロサンゼルスなどに路線を伸ばし、ロサンゼルス～サンフランシスコ間やロサンゼルス～ラスベガス間などの高需要路線でも大きなシェアを占めることになる。しかし、かといって大陸横断直行便などは無く、短距離便ばかりだった。もしサウスウエスト航空で西海岸からワシントンなどまで飛ぶには、３～４カ所を経由しなければならならず、長距離便でシェアに食い込むことはあえて避けていた。

航空券販売も地域密着とし、海外支店などは設けなかった。規模が大きくなっても日本支社もなければ、日本の代理店との契約も無く、海外で販売する周遊券類もなかった。空港が複数ある都市では国際空港発着などを避け、ローカルな、それでも中心地から近い空港などを選んで就航したのである。格安ということで外国人観光客の利用が増えたのはインターネット予約が普及してからである。

実は当初、同社は大手航空会社から〝ピーナッツ・フライト〟と揶揄されていた。機内食などが無く、客にピーナッツしか提供しないという意味である。それに対し、同社は〝ノー・フリル・サービス〟という言葉を使い始めた。フリルというのはスカートのひらひらのことで、「無くてもいいもの」という意味があった。乗客全員が欲しているもの以外は簡略化し、その分運賃を安くするという手法だ。

サウスウエスト航空は堅実経営で、アメリカ戦国時代にも他社との統合、買収、身売りなどを行わず、悠々とマイペースで我が道を進んだ。サービス業の原点を忠実に実行、定時運航、トラブルの回避、カジュアルでフレンドリーなサービスを提供するという3点に力を注いだ。その結果、1991年、「エア・トランスポート・ワールド」誌から「エアライン・オブ・ザ・イヤー」に選ばれたが、国際線を1路線も運航しない航空会社が選ばれるのは異例であった。

さらにアメリカ運輸省からは「もっとも苦情の少ない航空会社」にも選ばれる。組織が大きくなると、苦情への対応はどうしてもマニュアルなどに頼らざるを得ないが、サウスウエスト航空ではできる限り現場の職員の裁量を重視した。サウスウエスト航空は職員を大切にする会社でもあったのだ。

当初は〝ピーナッツ・フライト〟と揶揄されたが、後に大手航空会社もサウスウエスト航空を手本にする航空会社がほとんどとなったのである。その結果、２００１年、アメリカの同時多発テロの年、アメリカの航空会社は軒並み赤字となるのだが、サウスウエスト航空だけは、わずかであるがこの年も黒字としたのである。

サウスウエスト航空は自社で着実にネットワークを広げ、統合、買収劇とは無縁だったため、路線の急拡大や、国際線進出もなかったが、逆に撤退路線もなかった。その後、大陸横断直行便も運航するが、これも長距離機材を導入したのではなく、一貫して

格安航空会社ながら堅実経営、大手航空会社も見習う存在のサウスウエスト航空（ラスベガス 1995年）

導入しているＢ７３７型機の性能が向上、アメリカ大陸を無着陸で横断できる長距離型が開発されたためである。

機材に関しては、一時期Ｂ７２７型機をリースしたことはあるが、Ｂ７３７型機のみを購入し、現在では８００機以上の同型機を運航、通算では１２００機以上の同型機を導入している。サウスウエスト航空は世界一のＢ７３７型機カスタマーで、この機材以外購入したことが無いのでボーイングのお得意さんである。

１２００機以上購入というのはとてつもない数字で、ボーイングもＢ７３７型機の新しいシリーズ開発の際は、まずはサウスウエスト航空の意向を大切にしているくらいだ。一般に旅客機開発には莫大な費用が必要なため、ひとつの機種で３００機以上売れないと利益は出ないといわれている。１社で１２００機以上購入したというのが、いかに多い数字かが分かるであろう。

現在でも、世界では「大手航空会社」とか、「ＬＣＣを始め中小の航空会社」などという言い回しがあるが、サウスウエスト航空はＬＣＣではあるが、規模からすると文句なく大手中の大手に分類される。

理想的だったノースウエストとKLMの提携

１９８０年代はアメリカ航空戦国時代で、１９９１年にはパンアメリカン航空やイースタン航空すら姿を消し、１９９０年代は戦国時代を勝ち抜いた航空会社だけが生き残り、業界は一段落していた。アメリカ国内の航空自由化は１９７８年に成立した航空規制緩和法の思うような状況になった。しかし、国際線は相手国の事情があるので話は別である。

そこで、航空自由化の波は徐々に海外へ波及する。アメリカと隣接するカナダ、メキシコなどは、航空図上はほぼほぼ「アメリカとともにある」状況なので、相互に国際線が自由に飛べるようになる。アメリカ～カナダ、メキシコ路線、さらにカリブ海も含め、ほぼアメリカ国内線といった感覚になる。もちろん、引き換えにカナダ、メキシコの航空会社もアメリカへは自由に国際線を飛ばせるようになる。

アメリカが本当に自由化を迫りたかったのはヨーロッパ各国であったが、それは簡単には叶わぬことであった。ヨーロッパ各国では思惑が異なり、ベルギーなどは比較的航空自由化が進んでいて、ブリュッセルへの乗り入れは容易であった。かつてのピープル・エクスプレスはロンドン・ガトウィック空港とブリュッセルへ乗り入れていたくらいである。いっぽう、フランスなどは自国の権益を守るという姿勢が強かった。また、イギリスなど、自由化したくても、ロンドンの玄関口となるヒースロー空港が満杯で、制度上自由化しても、物理的に増便が無理だという、いわば「絵に描いた餅」になってしまう国もあった。

しかし、ヨーロッパはEU経済統合で、近い将来、ヨーロッパ全域がアメリカの航空戦国時代のようなことになることだって予測されていた。すると、最終的に生き残れるのはブリティッシュ・エアウェイズ、エールフランス、ルフトハンザドイツ航空の3社だけともいわれていた。

このような状況のなか、米欧の航空会社がもっとも早く「包括提携」を大々的に行ったのがアメリカで当時4位の航空会社だったノースウエスト航空とKLMオランダ航空の2社で、1989年のことであった。意外かもしれないが、積極的にアプローチしたのはKLMオランダ航空のほうで、ヨーロッパの空が自由化される前に外（アメリカ）とのつながりを強化したかったのである。ノースウエスト航空は戦国時代を生き抜いたものの、激しい戦いで疲弊していて、資金援助をしてくれる提携相手を求めていた。

KLMオランダ航空がノースウエスト航空を提携相手に選んだのには、合理的な理由があった。ノースウエスト航空が堅実経営であったこと。それに加えてノースウエスト航空はデトロイト、ミネアポリス、メンフィスが拠点、KLMオランダ航空はアムステルダムが拠点で、ともに、拠点は大空港であるが、拠点の都市自体は大都市でも観光地でもないという似た者同士であったことで、この拠点都市の規模が同じというのは大事な条件に思える。

機体の半分がノースウエスト航空、半分がKLMオランダ航空の機体もあった（成田 1999年）

　通常の提携は、一部路線での共同運航、空港ラウンジの共用、お互いどちらのマイレージ・プログラムでも加算できることなどをいうが、「包括提携」では、相手エリアの便はすべて共同運航便にし、マイレージ・プログラムは「ワールドパークス」、ビジネスクラスは「ワールドビジネスクラス」と統一した。お互いの拠点であるデトロイトとアムステルダムを太いパイプで結び、そこから先のフライトはお互いの会社の便名を付与したのである。自社便を飛ばさなくても就航地を飛躍的に増やすことができる。

　当時のテレビＣＭではノースウエスト航空のジャンボ機が離陸すると、徐々にデザインがＫＬＭオランダ航空へ変わっていくというCG画像のものが放映され、実機でも両者のデザインを施した機体も運航した。こうしてノースウエスト航空とKLMオランダ航空の包括提携は「理想的」と言われ、成功を収めた。

世界の航空会社が連合を組む　アライアンスの登場

ノースウエスト航空とKLMオランダ航空の包括提携は〝理想的〟と言われたものの、大西洋便だけでの提携は他社へは波及しなかったが、世界の主要航空会社は新しい局面を迎える。

1997年、ユナイテッド航空、エア・カナダ、ルフトハンザドイツ航空、スカンジナビア航空、タイ国際航空の5社によって「スターアライアンス」が発足、大西洋便だけでなく、アジアの航空会社も交えての航空連合が誕生する。大西洋便だけでなく、世界の主要航空会社が連合を組むことで、お互いに共同運航、マイレージ・プログラムでの相互加算、空港ラウンジの相互利用など、さまざまな分野で歩調を合わせようというのである。

この流れは他社にも広がり、翌1998年にはアメリカン航空、カナディアン航空、ブリティッシュ・エアウェイズ、カンタス航空、キャセイパシフィック航空の5社によって

「ワン・ワールド」が発足する。こちらはアジアに加えてオセアニアの航空会社も参加する。

そして２０００年にはデルタ航空、アエロメヒコ、エールフランス、大韓航空の４社によって「スカイチーム」が発足するのである。

これによって、アメリカの３強であるユナイテッド航空、アメリカン航空、デルタ航空、ヨーロッパの３強であるルフトハンザドイツ航空、ブリティッシュ・エアウェイズ、エールフランスがそれぞれに分散して３つの連合が形成されたことで、その３強同士を軸にほかの航空会社が追随した形となった。あまりにきれいに３強が分散したので、一番遅く発足した「スカイチーム」は〝残り物同士が手を組んだ〟とも言われたほどであった。

こうなると、ノースウエスト航空とＫＬＭオランダ航空はいち早くアメリカとヨーロッパの航空会社が包括提携を行い、成功を収めていたにもかかわらず、次なるステージの「航空連合」という意味では逆に後れを取ってしまう。こうしてノースウエスト航空、ＫＬＭオランダ航空はコンチネンタル航空、アリタリア航空とともに、４社で「ウイングス・アライアンス」を結成、連合第４の勢力になろうとする。

このように、２０００年初頭は世界の主要航空会社の連合化が進んだが、それによって航空会社が派閥化してしまったことも確かである。それまで個別に提携していたものが、連合の枠組みの提携へと組み変えられていったのである。たとえば、のちに全日空は「スターアライアンス」へ参加するが、それまでニュージーランド航空の日本便は、日本航空と共同運航を行なっていたものの、ニュージーランド航空も「スターアライアンス」に参加したことから、その後は全日空との共同運航になった。このように、それまで提携していた航空会社同士も「連合の違い」から提携相手を変えざるを得なくなる。

空港の使い方も大きく変わる。成田空港ではターミナル２が１９９２（平成４）年から稼働するが、当時は「自国の航空会社が新ターミナルへ移動する」というのが世界の慣例だったので（引っ越し費用などの関係で、その国の航空会社が移動した）、日本航空、全日空ともにターミナル２へ移動した。しかし、世界の航空会社が連合化したあとは、連合ごとにターミナルを利用するのが慣例となり、成田空港では２００６（平成18）年に「スターアライアンス」系航空会社はターミナル１南ウイング発着となったので、全日空は再びターミナル１へ戻ったのである。

主要航空会社の連合化は、同じ連合内では利便性が高まったことは事実であるが、異なる連合の航空会社間は疎遠になってしまい、異なる連合の乗り継ぎは逆に不便になったと

各社のデザインを輪切りに配し「スターアライアンス」をアピールするタイ国際航空機（バンコク・ドンムアン 2001年）

いうこともあった。そのため、日本航空を始め、連合入りせず独立系を貫く航空会社も多かったのである。

日本〜ヨーロッパ間のルート変遷

かつて日本〜ヨーロッパ間は北廻りと南廻りがあり、北廻りはアラスカのアンカレッジ経由、南廻りはアジア、中東経由で、北回りのほうが所要時間は短かった。日本人にとって北回りが経由するアンカレッジは、ヨーロッパへ行くときの給油のための空港のようなもので、多くの便ではアンカレッジまでの利用はできず、通過するだけであった。しかし、ヨーロッパ旅行を終えて、このアンカレッジに給油のために着陸すると、トランジットルーム内には高くてまずいうどんがあったものの、多くのツアー客などが、日本の味を求めてそのうどんをすすったものである。

当時は北廻りだと日本を夜に出発してヨーロッパは翌朝、南廻りだと、経由地によるが日本を午後に出発してヨーロッパには翌午前着といったところであった。いずれにしてもヨーロッパへは翌日の到着である。そんな時代にアエロフロート・ソ連航空を使えば、日本からヨーロッパへ直線的に飛べるので、日本を昼に出発してモスクワ経由でヨーロッパには当日夜に到着できたのだ。

成田からの所要時間は北廻りだとヨーロッパまで約20時間、南廻りでは約30時間、それがモスクワ経由なら約16時間だった。1982年のタイムテーブルでは、日本発ヨーロッパ行きを北廻り、南廻り、モスクワ経由の3ルートを運航するのは日本航空、エールフランス、ルフトハンザドイツ航空の3社だが、モスクワ経由はソ連上空通過が厳しく制限されていたので、1社につき週1～2便しか飛ばすことができなかった。ブリティッシュ・エアウェイズ、スカンジナビア航空、サベナ・ベルギー航空は北廻りを運航、KLMオランダ航空は北廻りと南廻りを運航、アリタリア航空とスイス航空は南廻りのみを運航していた。

アンカレッジ経由には便数の制限はなかったにもかかわらず、時間を要する南廻りが意外に多かったのは、ひとつの便が日本行き、香港行きなど複数の役割を果たしていたからで、日本から南廻りを利用すると、寄港地ごとに人種が変わっていくのであった。筆者が初めて乗ったヨーロッパ便も南廻りで、スカンジナビア航空の成田発マニラ、バンコク、クウェート、アテネ経由コペンハーゲン行きであった。

日本〜ヨーロッパ間が初めて直行便で結ばれたのは１９８３（昭和58）年のフィンランド航空日本就航時で、ルート的にはソ連上空を通過しない北廻りであったが、ヘルシンキがソ連を除いて日本から最も近いヨーロッパであったことから、ヘルシンキ〜成田間を無着陸で飛んだのである。機材はＤＣ－10型機、定員を減らし、その分燃料を多く積んでの飛行であった。

その後はソ連の軟化から、モスクワを経由しない、つまり上空通過だけの日本〜ヨーロッパ間直行便が実現し、成田〜ロンドン間などが12時間30分ほどで結べるようになるのである。

ヨーロッパの空港大改革

アメリカでは規制緩和以降、航空各社の体質が強化され、競争力を持った会社だけが生き残ったが、ヨーロッパでも多くの航空会社が運航態勢の強化を図った。

というか、それまでのヨーロッパ系航空会社の運航態勢には問題があり、それが表面化する。筆者が旅行会社勤務のときもそうだったが、たとえば、東京から南仏のニースへ行くのにもっとも便利な航空会社はというと、エールフランスあたりが思い浮かぶであろうが、ニースへ行くのにもっとも不便な航空会社がエールフランスといっていい状態だった。

パリでは国際線はシャルル・ド・ゴール空港、国内線はオルリー空港発着だったからだ。しかも国際線はエールフランス、国内線は同じく国営ながらエール・アンテールという別会社だった。このため、日本から南仏ニースへ行くには、ルフトハンザドイツ航空のドイツ乗り継ぎ、KLMオランダ航空のアムステルダム乗り継ぎなどがずっと便利であった。

そこで、フランスでは大改革が行なわれた。まずはエールフランスとエール・アンテールを1997年に統合、さらに国内線の半分ほどをシャルル・ド・ゴール空港発着とし、国際線からの乗り継ぎを改善したのである。

同様にイタリアのミラノでも長距離国際線はマルペンサ空港、ヨーロッパ内路線や国内線はリナーテ空港発着だったので、アリタリア航空の日本発の便からヨーロッパ内や国内線への乗り継ぎはまったく配慮されていなかった。そこで、アリタリア航空のヨーロッパ内路線や国内線の半分ほどもマルペンサ空港発着とし、国際線からの乗り継ぎを改善したのである。

イギリスのブリティッシュ・エアウェイズも改革が迫られた。同社のロンドン発着便はほとんどがヒースロー空港発着だったが、この空港ではそもそも国内線と国際線が異なるターミナル、さらには国際線すらもヨーロッパ内と長距離国際線で分かれていたので、日本からロンドンへ行き、ほかのヨーロッパへ行くにも国内線に乗り継ぐにしてもスムーズとはいえなかったからだ。

それらに対して比較的乗り継ぎがスムーズだったのはルフトハンザドイツ航空などで、フランクフルトでは同じターミナルで乗り継ぎができ、さらにミュンヘン空港をヨーロッパのハブにするべく１９９２年に新空港移転となった。

ＫＬＭオランダ航空なども乗り継ぎが便利な航空会社であった。そもそも本国が目的地という利用者が少ない航空会社のほうが、利便性が高かった。オランダのアムステルダムはロンドンやパリのような大都市でも観光地でもないので、それほど多くの航空会社は乗り入れておらず、発着便の多くがＫＬＭオランダ航空になる。すると、おのずと乗り継ぎはスムーズになるのである。日本からもオランダを訪ねるツアーは少なかったが、イタリアに行くにしてもスペインに行くにしてもKLMオランダ航空利用というツアーは多かった。

次第にヨーロッパ系航空会社は競合が激しくなり、各社は乗り継ぎの優位さで利用者を増やしていく。フィンランド航空はヘルシンキという、いわば田舎のこじんまりした空港が拠点なので乗り換えがスムーズ、しかもアジアからだとヨーロッパ諸都市どこへ行くにも遠回りにならないという地の利を生かして利用者を増やした。

ヨーロッパの航空会社は、拠点とする空港の乗り換えのよさが重要となり、ウィーン空港におけるオーストリア航空同士の乗り継ぎは最低接続時間がたった25分などという設定も現れた。

エールフランスやブリティッシュ・エアウェイズはパリやロンドンといった海外からの乗り入れ航空会社で混雑する空港を拠点としているため、乗り継ぎでは不利になるのは避けられなかった。

こうして、ヨーロッパ系航空会社は、日本からの利用であれば、日本からの便数、時間帯、乗り継ぎのよさ、最終目的地までの全体の所要時間などで対抗していくのである。この時期のヨーロッパ系航空各社は、アメリカのハブ&スポークの運航方法を見習ったといえ、フィンランド、オランダなど、観光客のあまり多くない国の航空会社でも、接続をよくすれば利用者が増えるという傾向を作り出した。

いっぽうで、もっとも遅れていた国のひとつが日本であった。当時は国際線＝成田、国内線＝羽田と分けられていて、国際線で成田へ到着しても、乗り継ぎの国内線はほとんどなかった。１９９４（平成６）年に関西国際空港が開港し、同じターミナルで国際線と国内線が乗り換えられると話題になったが、同じ全日空同士でも国際線と国内線はそれぞれが都合のいい時間に運航しているだけで、接続という概念がなかった。

そのため、アメリカから名古屋へ行くにしても、福岡に行くにしても、日本への国際線を利用するよりも「ソウルで乗り継いだほうがはるかに便利」であった。同様に日本の地方空港からの海外渡航も、「東京へ出るよりもソウル、台北、上海などへ出るほうが便利」

パリのシャルル・ド・ゴール空港は国際線専用から国内線も多く飛ぶよう大改革（パリ 1992年）

となってしまうのである。

中国は市場経済導入で国営航空を9分割

中国では共産主義を維持しながらも市場経済を取り入れることになり、航空会社のポジションが大きく変わる。それまで中国の航空会社は中国民航という国営航空会社一組織が国際線からローカル線まですべてを運航していたが、1987年に地域ごとに9分割される。北京拠点の中国国際航空、上海拠点の中国東方航空、広州拠点の中国南方航空、瀋陽拠点の中国北方航空、西安拠点の中国西北航空、成都拠点の中国西南航空、昆明拠点の中国雲南航空、杭州拠点の中国航空、ウルムチ拠点の中国新疆航空に分割されたのである。国土の広さを考えれば妥当な9分割であった。

民間の航空会社も誕生し、上海航空が中国の民間航空会社の第1号になる。その後も多くの航空会社が誕生し、海南航空は9分割された中国民航の流れを汲む航空会社以外では最大規模となり、海南航空グループとなって多くの航空会社を系列化、その中には香港を拠点にする航空会社も現れる。

1997年に香港は中国に返還されるが、香港経済は徐々に中国に取り込まれ、香港を拠点にするイギリスの航空会社だったキャセイパシフィック航空も、中国資本の航空会社になっていく。市場経済を取り入れてからは航空会社の動きも西側同様となり、初の民間航空会社だった上海航空は中国東方航空に買収される。

筆者は中国の航空会社が中国民航しかなかった当時、航空券の販売に関わっていたが、中国の国内線には悩まされた。日本から直行便があるのは北京、上海といった大都市に限られていたが、日本が安い労働力を求めて中国へ進出した頃で、中国への出張需要が高まっていた。ところが、中国国内線を予約しても中国側から返答が無い。日本から中国までを日系航空会社を使っても中国民航を使っても同じであった。

実際は現地へ行くと、外国人枠などがあるのか、「予定便に乗れない」ということは稀であったが、予定をきっちり決めて行動する日本人の出張需要に

中国では国営航空会社を9分割、北京の空港に並ぶ中国新疆航空と中国西北航空（北京 1995年）

は満足できる状況ではなかった。かといって当時の中国の鉄道事情では国内移動とはいえ2日、3日かかってしまうし、鉄道の切符入手はさらに大変だった。

中国ビザも日本で取得すると1週間ほどを要した。そこで、日本から香港へ飛び、香港から香港ドラゴン航空を始めとした航空会社を利用すれば、日本から直行便の無い都市へも簡単にアクセスすることができ、香港でなら中国ビザを一日で取得できたので、多くの日本人出張は香港経由で中国入りしたのである。筆者の初中国渡航も香港経由で、香港でビザを取得した。中国の航空事情は隔世の感がある。

ソ連崩壊とアエロフロート航空

ソ連崩壊は1991年で、東西冷戦が終結する。日本にも乗り入れていたアエロフロート・ソ連航空はアエロフロート・ロシア航空となる。東西冷戦時代、アエロフロート・ソ連航空は日本では人気の航空会社であった。日本からヨーロッパへ行くにはアンカレッジ経由（アメリカのアラスカ州）の北廻りか、アジア、中東経由の南廻りが主流だった頃、モスクワ経由はヨーロッパへの最短距離を飛ぶルートだった。

しかし、当時のソ連は海外の航空会社が自国領内を飛ぶことを厳しく制限していたので、日本からヨーロッパへ最短距離で飛ぶルートはアエロフロート・ソ連航空の独壇場でもあったのだ。このルートを利用すれば、ヨーロッパへ速く、しかも安く行けたので、とくに夏季は日本人の格安旅行者で賑わった。

当時は韓国や中国からの旅行需要は高くなかったので、このルートの恩恵をもっとも受けたのが日本人であった。さらにもうひとつ、アエロフロート・ソ連航空には大きなメリットがあった。それが就航地の多さであった。現在中欧などと呼ばれる地域、つまり当時の東側諸国には当然フライトが多く、そのほか、中東やアフリカ方面へも、需要とは関係無く、社会主義国の力を誇示する意味で、多くのフライトを飛ばしていたが、それらを利用できたのである。

当時のアエロフロート・ソ連航空にとってみれば、日本路線はドル箱路線であり、日本での航空券販売には力を入れ、破格の待遇で臨んでいた。需要の多い成田～モスクワ～ロンドン、成田～モスクワ～パリ間などは同じ便名で飛んだ。通しで利用する場合もモスクワではいったん機外へ出るが、成田から利用していた乗客を先に機内へ戻し、残った席にモスクワからの利用者が座ったが、モスクワからの乗客はいわば自由席であった。

日本からモスクワ乗り継ぎでヨーロッパ方面へ向かう場合、行先によってはモスクワで

1泊となるが、その場合はビザなしで宿が手配され、その間の食事も提供された。翌日の便が遅めの客は宿で朝食、早めの客はお弁当が配られた。夏季は日照時間が長いので、有料ながらモスクワ市内観光も実施された。

筆者はアエロフロート・ソ連航空に乗ってモスクワ経由で北アフリカを訪ねたり、モスクワ1泊時にモスクワオリンピックの選手村に宿泊したりした経験があるが、ソ連時代ならではの体験だったと思う。

このように、当時、日本人旅行者とアエロフロート・ソ連航空の関係は、格安にヨーロッパ旅行ができた立場と、外貨稼ぎができたという点で利害が一致していたと思う。筆者はアエロフロート・ソ連航空の航空券販売にもかかわっていたが、当時のアエロフロート・ソ連航空で働くソ連人は親日的な人が多く、政治体制の違いを理解した上で、上手に日本とかかわっていたと感じる。

細述は避けるが、新潟空港を介した貨物輸送も行なっていて、ソ連経由は貨物を早く安く運搬するルートでもあった。当時のことを思い起こすと、現在のロシアはどう考えても常軌を失っていると感じるのである。

冷戦時代のアエロフロート・ソ連航空の旅客機はすべてソ連製機材で、ボーイング、エ

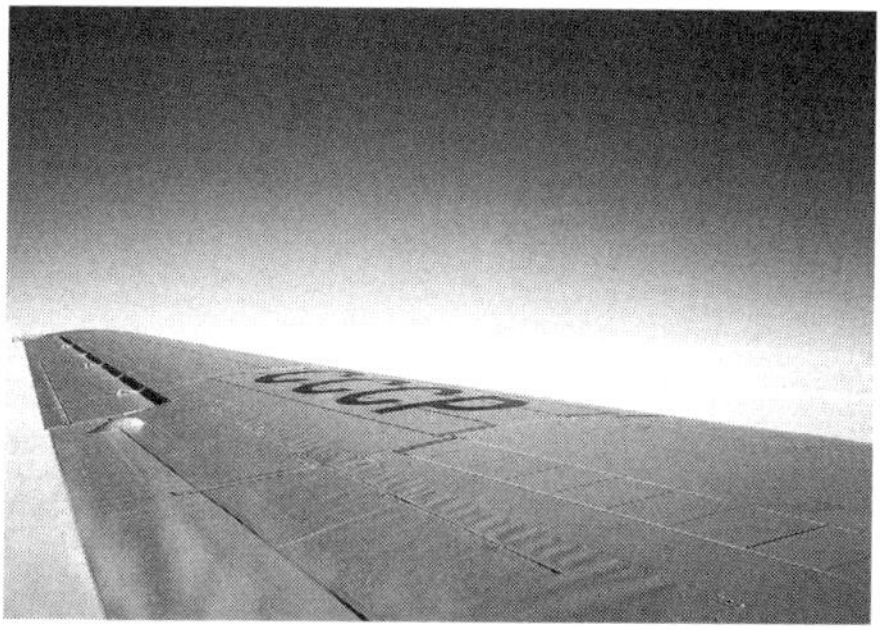

旧ソ連時代のアエロフロート機、CCCPが旧ソ連の証であった（1988年）

アバスといった西側機材よりサービス面はかなり劣っていた。旧ソ連は航空・宇宙開発技術が進んではいたが、それは軍事面の話で、機体の軽量化、エンジンの燃費、エンジンの騒音などでは明らかに遅れていた。小さめの機体なのに、エンジンは黒煙を吐き、大きな騒音をまき散らしていたという印象で、具体的には、イリューシン、ツポレフ、ヤコブレフといった機体である。

当時の社会主義圏、東ドイツ、ポーランド、チェコスロバキア（現在のチェコとスロバキア）、ハンガリー、ルーマニア、ブルガリアといった国々の航空会社も旧ソ連製旅客機で運航していた。

しかし、冷戦終結後のアエロフロート・ロシア航空は機材がエアバスやボーイング製となり、旧ソ連製機材は国内ローカル線用となって、やがて消滅し、東欧圏でも姿を消した。その後も旧ソ連製機材を使い続けたのはカリブ海のキューバ、そして北朝鮮くらいであった。

航空運賃の内外価格差が問題に

１９９０年代、日本の航空運賃は内外価格差が問題となる。遡れば、東京オリンピックが開催された１９６４（昭和39）年、１ＵＳドル＝３６０円の固定相場制の時代に海外旅行が解禁されたが、庶民には手の届くものではなかった。翌１９６５（昭和40）年に海外旅行商品パッケージ「ＪＡＬＰＡＣＫ（ジャルパック）」が創設されたが、一般的なハワイ旅行価格が50万円、現在の価値からすると３００万円ほどだったと言い、庶民には高嶺の花だった。日本からアジアやアメリカへの航空券はＵＳドル建て、日本からヨーロッパへの航空券はポンド建てで、日本人は航空券購入前に外貨を購入する必要があった。

１９７０（昭和45）年の大阪万国博覧会開催などを契機に、徐々に日本人も海外旅行ができるようになっていき、為替が変動相場制になるのは１９７３（昭和48）年からで、このときから日本発の航空券は円建てとなる。当時の為替相場は１ＵＳドル＝３３４円で、こういった数字を基に日本発運賃と現地発運賃が決められたので、日本で購入しても、現地で購入しても、通貨は違えど価格価値はほぼ同じであった。価格は政府間で決められ、その価格をＩＡＴＡ（International Air Transport Association＝国際航空運送協会）が管理していた。いわゆるＩＡＴＡ運賃である。

ところが、当時はどんどん円高となり、１USドルが３００円を切り、２００円を切り、１００円に迫っていた。すると、航空運賃は日本で購入すると高額に、海外で購入すると低額となった。これが航空運賃の内外価格差である。

正規運賃の話であるが、日本からタイへの片道運賃が10万円だとして、タイから日本への片道運賃は3万円相当などということが世界各国間で起こり、中でも経済発展著しかった日本発の航空運賃は割高となった。そして、一番の問題が、航空運賃を、運航する航空会社ではなく、政府が決めていたことであった。

こういったことから「輸入航空券」などが流行する。繁忙期、日本発の割引航空券が高くなる時期は、日本からの航空券はソウルまでにとどめ、ソウル～ヨーロッパ間は現地発を購入、合算しても、日本～ヨーロッパ間より安くなったのである。さらにはソウル～日本～アメリカというルートの1年有効の航空券を購入し、日本で途中降機とすれば、1年間にソウル旅行とアメリカ旅行双方ででも日本発アメリカ行きより安くなったりもした。

筆者は仕事がフリーランスゆえ、航空券価格のピーク時に高い航空券を購入する必要がなかったので、ピーク時の高い航空券を避けるために海外発券は行なわなかった。しかし、中南米へ渡航する場合は、アメリカまでの格安航空券＋アメリカ〜中南米間はUSドル建ての運賃を日本で購入していた。アジア、オセアニア、アフリカ、ヨーロッパでも、現地で空路を利用する場合は、日本発の航空会社（ヘッドキャリアと言う）を通し、予約だけを行ない、航空券は現地で購入した。この方法なら、日本にオフィスの無い航空会社の予約もできた。

アメリカ方面とそのほかの方面で扱いが違っていた理由は、アメリカ方面の航空会社は日本ででも実勢レートで現地発の航空券を発券できたのに対し、そのほかの地域の航空券は、日本で購入すると、実勢の倍以上のレートでの計算だったからで、こちらは日本での制度を忠実に順守したからであった。

筆者が体験したもっとも印象に残っている海外発券の航空券は、香港発世界一周航空券である。香港では

香港発券の世界一周航空券はガルフ·エアのものを利用した（香港 1989年）

その日のうちに乗り継ぎたかったので、香港の旅行会社で発券してもらい、航空券を国際宅配便で送ってもらった。

アメリカ系2社は以遠権でアジアへ飛びまくりだった

１９９０年代、日本発着国際線で話題だったものにアメリカ系航空会社の「以遠権」があった。アメリカの航空会社がアメリカから日本へ運航するのは当たり前であるが、日本からさらにアジアへ運航して日本～アジア間でも乗客を乗せられるという、この間の営業許可のようなものだった。以遠権があれば、ニューヨーク～成田～香港と飛んだ場合、アメリカ～日本間、アメリカ～香港間、そして日本～香港間でも利用できる。もし以遠権がなければ、アメリカから日本への利用者が座った席は、日本～香港間では空席とならざるを得ないから、以遠権は商売として有利になる。

アメリカのノースウエスト航空とパンアメリカン航空は、日本からアジアへの無制限の以遠権を持っていて、パンアメリカン航空の以遠権はユナイテッド航空に引き継がれている。この2社は、戦後、いち早く日本へ乗り入れ、日本が航空会社など運営できなかった頃、ノースウエスト航空は機体をリースするなど、日本航空の立ち上げに尽力してくれたということから、そのお礼として以遠権が与えられたのである。しかし、日本の航空会社がアメリカから先の以遠権を与えられてはいなかったので、不平等なものであったが、アメリカ系航空2社にしてみれば戦後のどさくさに紛れて得た宝物のようなものであった。

このため、ノースウエスト航空は最盛期、ニューヨーク、デトロイト、シカゴ、ミネアポリス、シアトル、サンフランシスコ、ロサンゼルス、ホノルルから日本へ乗り入れ、ソウル、釜山、北京、上海、広州、台北、高雄、香港、マニラ、バンコク、シンガポール、シドニーへ飛んでいた。

ノースウエスト航空は成田をアジアのハブと位置付け、アメリカ各都市からアジアへ行く場合の乗り継ぎ空港を成田にしていて、当時、同社の太平洋便には日本へ寄港しない便は無かったのである。アメリカ各地から成田へ同じ時間帯に到着、乗り換えを行なったあと、同じ時間帯にアジア各国へ出発した。アメリカの航空会社がアメリカとは関係が無い区間（日本〜アジア間）にこれだけ飛んでいたのは、世界的にも珍しい状況だった。シドニーへはニューヨーク〜伊丹〜シドニーというルートで、関西国際空港開港以前は大阪からのオーストラリア便はこのノースウエスト航空が唯一の存在であった。

就航地の多さからすると、他国の航空会社とは思えないような路線網で、おそらく当時のアメリカからすれば、日本は植民地のような感覚だったに違いない。日本側は、日米航空交渉がある度に、不平等の是正を求めたが、アメリカ系２社にしてみれば既得権のようなもので、アメリカ側が譲歩することは無く、それどころか、日本は航空自由化がアメリカに比べるとかなり遅れていたので、太平洋便の自由化を求められるばかりであった。

アメリカ系航空会社が日本～アジア間を多く運航していた時期、筆者は旅行業界で海外行き航空券販売に携わっていたが、アメリカ系航空会社のアジア便は、日本発夕方便ということもあり、日系航空会社などに比べて販売価格が安く、しかも多くの便がＢ７４７型ジャンボ機だったため、席が取れやすく重宝した。アメリカ発日本経由アジア行きで、便名は通しであるが、乗客の多くは日本で入れ替わっており、機体も成田で変更となっていた。実質的にはアメリカの航空会社が日本で我が物顔に営業していたのである。

しかし、当時の旅行業界では、アメリカ系航空会社のアジア便は頼れる存在であった。アメリカ系航空会社が日本で営業することは、やはり他人の土地での商売になるので、その土地（日本やアジア）の航空会社と比較したら不利なはずである。にもかかわらず人気があったのは、価格の問題であると思われていた。繁忙期であっても、香港やタイへそれなりの価格で日本人が旅行できたのは、当時はアメリカ系航空会社があったからと感じる。

　現在は、旅客機の航続距離が伸びたことで、アメリカからアジア各国へ直行便が飛ばせるようになったこと、日本～アジア間に航空券の安価なＬＣＣが多く飛んでいることで、アメリカ系航空会社による日本～アジア便は無くなった。ノースウエスト航空がデルタ航空に統合され、デルタ航空がアジアに思い入れが無いということも影響しているであろう。

　２０２４（令和６）年には若干の変化もあり、長らく日本～アジア間の運航を行っていなかったユナイテッド航空が成田～セブ間の運航を始める。アメリカの航空会社がセブへ飛ぶのは初めてで、この区間は日系の航空会社が飛んでいない隙のような部分に参入したことになり、新たな需要発掘に乗り出したようにも感じる。

日本～アジア間を多く飛んだノースウエスト航空。香港から成田へ向けて離陸するB747型ジャンボ機（香港 1995年）

閉鎖的だった日本市場

　アメリカの航空２社は、宝物ともいえる日本からアジアへの無制限の以遠権を持っていたが、それ以外はというと、日本の航空市場は閉鎖的であった。日本発着の国際線運航は両国間の航空交渉を経て「日本側が中型機のＢ７６７型機で週３便なら、相手国側は大型機Ｂ７４７型機で週２便」などと、細かく決められ、運賃はＩＡＴＡ運賃として双方とも同程度の額に定められていた。しかし、このやり方では問題も多く、１９９４（平成６）年、関西国際空港の開港でさまざまな航空会社が日本へ乗り入れるようになってそれが露呈する。

　日本へ初めて南部アフリカからの便として、南アフリカ航空がヨハネスブルク～バンコク～関西便を開設した。当時の機材ではヨハネスブルク～関西間直行は無理で、需要からも、タイと日本の需要をひとつの便でまかなうというのが自然である。ところが、この便にヨハネスブルク～バンコク間、またはヨハネスブルク～関西間に乗ることは可能だが、バンコク～関西間だけの利用はできず、ヨハネスブルクからバンコクまで利用した人の席は、バンコク～関西間では空席にするしかなかった。

　日本側は、日本とタイの間の需要は日本とタイの航空会社が運ぶものとして、この間に第三国の航空会社が参入することを拒んだからである。これはこの間を運航する日系企業の権益を守るという意味があった。同様に、カトマンズ～上海～関西間を開設したロイヤル・ネパール航空（現在はネパール航空）も、上海～関西間で客を乗せることができなかった。

こんなこともあった。中東ヨルダンのロイヤル・ヨルダン航空も関西乗り入れを計画していた。ヨルダンはペトラ遺跡などが日本人にも人気で、旅行業界関係者を招待してのスタディ・ツアーも実施された。しかし、同社の関西乗り入れは実現しなかった。首都アンマン～関西間の直行は無理なので、香港経由などが模索されたが、関西乗り入れはできても、経由地と日本の間で営業できないのであれば、あまりに効率が悪く、日本乗り入れは実現しなかったのである。

結局、南アフリカ航空とロイヤル・ネパール航空の関西便は長続きすることなく撤退した。経由地までの営業ができないことも大きな理由として考えられるのである。

バンコクや香港が航空の要衝として栄えたのには、航空市場が開かれていて、自由な往来ができたという理由がある。中東やアフリカからのバンコク経由香港行きなどは多数運航されていたが、なぜ運航できたかというと、ひとつの便にタイ行きと香港行き需要をまとめることができ、さらにタイと香港の間でも稼げるからである。現に日本航空は台北～香港間、香港～バンコク間、クアラルンプール～シンガポール間などの営業権を得ていた。

南アフリカ航空は南部アフリカから日本へ初めての便となったが短期間で撤退に（関西 1998年）

日本側の想定では日本と南アフリカ、日本とネパールの間だけで便を飛ばす需要が必要ということになり、航空会社としてはおいそれと路線開設できなくなるほか、「経由便」そのものが否定されたような感じで、当時の日本は世界の常識が通用しない国と思われていたことも少なからずある。

また、実際にはタイ国際航空の関西～マニラ～バンコク、マレーシア航空の成田～台北～クアラルンプール、シンガポール航空の成田～バンコク～シンガポール間など、途中までの営業が認められていた航空会社、区間もあった。しかし、これらは１９６０年代、１９７０年代に得たもので、その頃は国際線航空需要が低く、ひとつの便にさまざまな区間の需要が盛り込まれるのが当たり前だったのである。

では、なぜ関西国際空港開港後にこのような問題が明るみになったかというと、当時の成田空港は滑走路が1本、加えて離発着の時間制限があったため、新規航空会社が参入することが物理的にできなかったという理由がある。つまり、前述の南アフリカ航空やロイヤル・ネパール航空は以前から日本乗り入れを希望しており、関西国際空港開港でやっと日本乗り入れが果たせたと思ったら、今度は日本側から「経由地までの営業は認めない」と、無理難題を押し付けられた格好なのである。

空港整備が遅れていた日本

成田空港は開港から2002（平成14）年まではずっと滑走路が1本しか無い日本の玄関口で、羽田空港も同年の再国際化開始までは国内線空港ということで国際線の新規乗り入れはできなかった。伊丹空港は騒音問題があり、国内線も含めて1便の増便も余地は無かった。加えてどの空港にも夜間発着制限があった。関西国際空港開港は1994（平成6）年、中部国際空港開港は2005（平成17）年のことで、ずっと後である。

しかし、１９８０年代後半あたりから日本発着国際線の需要は増え、どの空港もパンク状態であった。Ｂ７４７型機などは本来長距離国際線用機材なので、たとえば大韓航空でいえばソウル～ニューヨーク便、キャセイパシフィック航空なら香港～ロンドン便などに専念するはずなのだが、ソウル～成田便や香港～成田便は全便がＢ７４７型機で運航した。限られた発着枠で需要に応えるために最大の機体を使用していたのである。多くの乗り入れ希望航空会社を断っていたほどで、それはあまりに世界の常識から外れていたことから、ＩＡＴＡから改善要求までされていたほどであった。

このような状態が続いたため、この時期は名古屋空港が国際線で賑わったことがあった。海外の航空会社から見れば「成田が駄目、関西国際空港も未開港なので、仕方なく名古屋に乗り入れるか」ということだったのである。すでに成田に乗り入れている航空会社も増便分は名古屋へ乗り入れた。繁忙期にはチャーター便も飛んだが、成田は定期便も受け入れられないのでチャーター便など飛べるはずもなかった。

ところが名古屋発なら受け入れ可能なので、繁忙期は名古屋発のチャーター便が多く飛んだ。ＭＩＡＴモンゴル航空、ウズベキスタン航空、ロイヤル・ブルネイ航空、エルアル航空、ロイヤル・ネパール航空、これらは日本へ定期便で運航する以前に名古屋へのチャーター便実績がある。変わったところではマレーヴ・ハンガリー航空、サモアのポリネシア航空、さらに北朝鮮の高麗航空すらチャーター便で飛んでいた。

定期便には思惑もあった。1994（平成6）年の関西国際空港開港が近づくと名古屋空港への乗り入れはにわかにピークを迎える。「関西国際空港開港後は、あっという間に発着枠が埋まるのではなかろうか」という思惑だった。そのため「とりあえずは名古屋へ乗り入れて日本乗り入れの実績を作っておこう」ということだった。

手狭な名古屋空港の国際線ターミナルは海外の航空会社で埋め尽くされた。実は名古屋空港の国際線ターミナルは、増えた国際線に対応するため1999（平成11）年に立派なターミナルに建て替えられている。しかし、中部国際空港開港が2005（平成17）年なので、たった6年しか使われておらず、その後は国際線が飛んでいないのでショッピングセンターになった

中部国際空港開港以前の名古屋空港は国際線で賑わっていた（名古屋 2000年）

のである。

実勢価格は利便度や競争の有無で決まった

前項のように、南アフリカの航空会社に対して、日本乗り入れは認めても、途中の経由地であるタイと日本の間では航空券販売は許可しないというのは、まぎれもなく日本～タイ間を運航する日本の航空会社の権益を守るという理由だった。しかし、実際には日本と海外を結ぶ航空運賃は政府間で決められていたので、日系航空会社でも、仮に南アフリカ航空に日本～タイ間の営業が認められたとしても同額だったはずである。しかし、日系の航空会社と海外の航空会社の航空券の実勢価格は大きく違っていた。正規の運賃は同じでも、旅行会社などで扱うツアー代金や格安航空券価格は大きく違っていたからである。

実際、同じ区間に第三国の航空会社を含めて多くの航空会社が運航している区間は航空券が安かったし、航空券タイプもバラエティに富んでいた。当時の成田～バンコク間でいえば、当事国からは日本航空、全日空、タイ国際航空が運航し、そのほかにバンコクを経由地とするシンガポール航空、ビーマン・バングラデシュ航空、パキスタン国際航空、イラク航空、エジプト航空、そして以遠権で運航のノースウエスト航空、ユナイテッド航空も加わった。

　実勢価格はさまざまな条件によって変わってくる。台湾や香港行きでは日本発が午前発か午後発かでは航空券価格は大きく違っていた。同じ4日間のツアーでも、午前発なら中二日に加えて、出発日の午後に市内観光と夕食、帰国便が午後便なら帰国日の午前にショッピングなどが入れられる。しかし、日本発午後では1日目は到着するだけ、帰国便が午前発なら4日目は帰国便に乗るだけとなるのでツアー内容がかなり異なり、日本を午前発の便のほうが高く売れたのである。

　バンコク行きでも朝便と夕方便があり、どうしても高く売れるのは朝便であった。ノースウエスト航空には夕方便しか無いので航空券が安く、ましてパキスタン国際航空、エジプト航空のバンコク便は週2便のマニラ経由、ビーマン・バングラデシュ航空、イラク航空は週1便しか無かったので、ツアーで利用すること

カラチからバンコク、マニラ経由成田行きパキスタン国際航空はバックパッカー御用達だった（成田 1989年）

は無く、日程を合わせせられるバックパッカーなどが利用した。

　余談となるが、パキスタン国際航空やエジプト航空には航空券に特徴もあり、現地で日程変更も可能な60日有効というもので、マニラでの途中降機もでき長期の格安旅行者には人気だった。当時のパキスタン国際航空はヨーロッパ格安旅行においても定番航空会社で、バックパッカーなどが集った。筆者も成田～トルコ間を４カ所経由で利用したことがあるが、それはそれで楽しい思い出である。

　同様にアメリカでは成田～ロサンゼルス間は日本航空、全日空、ノースウエスト航空、ユナイテッド航空、デルタ航空に加え、大韓航空、タイ国際航空、マレーシア航空、シンガポール航空、ヴァリグ・ブラジル航空が飛んでいた。こちらは成田～バンコク間と異なり、全便が直行便で、各社とも時間帯も似たり寄ったりだったので競争が激しかった。アメリカ東海岸へ行く際も西海岸までの航空券とアメリカ国内線周遊券を組み合わせる方法は前述したが、ロサンゼルスまでの航空券が安かったために複数の航空券の合算でも安くなったのである。

　１９９０年代、日本の国内線にはこれといった割引が無く、いっぽうで日本発の国際線格安航空券はかなり安かった。円高ということもあり、アジアなどの航空会社からしてみると、強い円で売れるなら、安く売っても本国に持ち帰れば大金になるということから、成田～ロサンゼルス往復3万円代などという航空券も出回っていたほどである。現在では考えられないが、「本当は沖縄か北海道でも旅行したいのだが、金が無いのでロサンゼルスへ行くか」といったことは、当時の現実だった。

機内販売の旺盛、「どこへ行っても日本人」の時代

「金が無いのでロサンゼルス」、現在は海外での物価高と円安から考えられないが、1990年代は「国内旅行は割高」「海外旅行がお得」の時代だった。

日本のバブル期は1986（昭和61）年から1991（平成3）年までの5年間を指すようであるが、この時代、1993（平成5）年に、現在の羽田空港国内線ターミナル1となる通称「ビッグバード」が完成、翌1994（平成6）年に関西国際空港が開港していて、この頃はまだまだ日本の景気はよかったように感じる。社員旅行がハワイなどというのも多かった。

関西国際空港が開港したことで、全日空は国内線として羽田から関西国際空港に夜到着した国内線用の500人以上の定員を誇るB747型ジャンボ機を、深夜にグアムへ往復

させ（週末のみ、平日はＢ７６７型機）、早朝に関西に戻り、再び国内線として運航した。それほど、関西圏からグアムは気軽な旅行先だった。

新婚旅行先はハワイに変わり、オーストラリア、ニュージーランドなどが定番となり、カンタス航空やニュージーランド航空が成田、関西を始め、名古屋、福岡へも乗り入れていた。現在では考えられないが、日本からオーストラリアへはシドニー、メルボルンを始め、ブリスベン、ケアンズ、パース、アデレード、ダーウィンへも直行便が飛んでいた。大安吉日の次の月曜日の便などは1年前から満席であった。

日本へ乗り入れる航空各社には当時ならではの思惑もあった。日本人観光客は帰国後に周囲に配るお土産などをたくさん購入する。とくに新婚旅行客はそれが顕著である。そこで機内販売に力を入れ、機内食のサービスが終わるとキャビンクルーは免税品販売で機内を歩き回った。乗客も機内ショッピングを心待ちにしていたのだ。

航空会社によっては、日本市場では航空券を多少安く売っても、機内販売で利益が出ると考えていた航空会社も多分にあったし、機内誌よりも立派で分厚い日本語版機内販売カタログを用意する航空会社もあった。正規のキャビンクルーとは別に通訳専門のキャビンクルーを乗務させる航空会社もあった。キャビンクルーは保安要員なので、機種によってドアの数などから必要な人員が決まっていたのだが、それとは別に通訳専門のクルーを日本発着便にだけ乗せていたのである。

当時、スリランカのエアランカ（現在のスリランカ航空）は、スリランカの近くに浮かぶ島国モルジブへの新婚旅行客が多く利用していたが、モルジブはリゾートの島ながらこれといったお土産が無く、帰国便の機内販売が飛ぶように売れていたのを記憶している。私の隣席にいた客は、搭乗直後から機内販売カタログをめくり、まさに爆買い状態で、最後には機内で購入した物品を入れるためのバッグまで購入していたのには仰天してしまった。

多くのモルジブ行きハネムーナーで賑わったスリランカのエアランカ（コロンボ 1994年）

航空各社は機内販売品を充実させるにも限界があるほか、路線によっての売れ行きも異なるので、プリオーダーシステムが充実していった時期でもある。モルジブを始め、パラオ、プーケット、ペナン、バリ、フィジー、ニューカレドニア、タヒチ、セイシェル、モーリシャス、カンクン、アカプルコ・・・。日本人は世界のリゾートを闊歩することになり、「日本人はビーチ好き」と言われるようになる。ビーチに限らず「世界中どこへ行っても日本人がいる」と言われた時代のエピソードである。

双発機の長距離洋上飛行解禁で航空券価格が下がる

アメリカ行き航空券が安くなったのには航空機の性能的な理由もある。１９９５年にユナイテッド航空によって運航が開始されたＢ７７７型機は、初の双発エンジンの長距離用ワイドボディ機であった。どこが画期的だったかというと、それまでの長距離用機材はエンジンが３発か４発であった。そうでないと太平洋横断などができなかったからだ。

近隣に着陸できる空港などが無い洋上でエンジンが故障した場合、残りのエンジンで最寄りの空港へ緊急着陸となるが、双発機では１基のエンジンが故障すると残りのエンジンはひとつだけになる。そこで、太平洋便などは３発エンジン機（ＤＣ－10型機やＭＤ－11型機など）か４発エンジン機（Ｂ７４７型機など）でしか運航できなかった。

たとえば、日本からハワイへ行く場合でも、東京を出発後、１２０分を経た頃に１基のエンジンが故障したとしよう。すると東京へ引き返すにしても１２０分以上かかり、ハワイまでも120分ではたどり着けない。近隣に120分以内に到着できそうな緊急着陸先がなければ、そのようなルートは双発機では飛んではいけないというルールがあったのだ。これを〝双発機の120分ルール〟などと呼んでいた。

そのため、当時は日本からハワイへの便はB747型ジャンボ機かDC－10型機などで、成田～ホノルル便へ参入した日本エアシステムもホノルルへはDC－10でしか飛んでいない。しかし、双発機を長距離便に使えないということではなく、問題はルート上、どこで1基のエンジンが故障しても、2時間以内にたどり着ける緊急着陸先があるかどうかであった。

東京～ハワイ間は無理であったが、もっと距離の長い成田～コペンハーゲン間はスカンジナビア航空が双発のB767型機を運航していた。ずっと大陸上を飛ぶので、ルート上に緊急着陸できる空港が存在したのである。また、ソウル～シアトル間でもアシアナ航空が双発のB767型機を運航したが、こちらは数ある太平洋航路の中で、もっとも陸寄りのルートに限定して飛べば、やはり緊急着陸先が存在したので運航可能だった。

B777型機では信頼性の高いエンジンの採用で、残りのエンジンでの飛行時間が「180分」に延び、双発機でも太平洋を横断できるようになった。定員は3発エンジンのＭＤ－11型機と同様かそれ以上だったので、乗客１人あたりの運航経費が大幅に軽減された。こうして航空各社は３発機を退役させ、双発機に切り替えていったのである。Ｂ７４７型機は４発機でも、２階席があるなどそれなりの大きさがあったが、３発機は双発でまかなえる大きさしかなかったので、ＤＣ－10型機とＭＤ－11型機は貨物専用機での需要しかなくなり、早くに引退となる。呼応して航空券価格も安くなった。

その後は、エンジン性能の向上で世界中どの区間でも双発機で飛行可能となる。エアバスの４発機、Ａ３４０型機は動力を分散させるという発想があったものの、燃費優先の流れには勝てず、Ａ３４０型機も生産中止となる。こうして３発機、４発機の製造は無くなり、現在の旅客機はほぼ双発機となるのである。

MD-11は比較的新しい機体だったが3発機ゆえに引退が早く、双発機に切り替わる（成田 1993年）

関西国際空港開港を機に運賃制度が自由化へ

関西国際空港が開港した1994（平成6）年、日本発国際線の運賃制度に進歩が現れる。

前述したが、それまで日本発国際線運賃は関係する各国政府間で決めていた。おかしな話であるが、便を運航する航空会社ではなく、政府が決めていたのである。著者の手元に1982（昭和57）年当時の資料があるが、たとえば東京〜ロンドン間は正規運賃で往復77万2000円。ところが実際にはロンドン7日間などのツアーがホテル付きで30万円以下からあり、さらに格安航空券なら20万円を切るものまであった。正規運賃と違って便が指定され、変更もできない航空券であったが、正規運賃と格安航空券の金額差は大きかった。正規運賃は国が決めたもので、いわば国のお墨付きの運賃なのに対し、格安航空券は航空会社では購入できず、旅行会社が団体割引を適用したものを個人に販売していたもので、「旅行会社が勝手に行なっている」という感覚であった。

では、海外ではどうだったかと言うと、正規運賃は高額であってもさまざまな割引があり、当たり前ではあるが、それらは国が決めるのではなく、実際に運航する航空会社が決めていた。

当時、日本にもＩＡＴＡペックス運賃という割引運賃はあったものの高額で全社共通のものしか無く、やはり航空各社間の競争はなかった。

そこで関西国際空港開港を機に１９９４（平成６）年から、新運賃制度が始まる。ゾーンペックス運賃というもので、ＩＡＴＡペックス運賃の65％を下限に各社が自由に運賃を設定できるものだった。これが日本航空の「ＪＡＬ悟空」、全日空の「Ｇ・Ｅ・Ｔ」（Great Economy class Ticket）などであった。当時の格安航空券より高かったが、航空会社で直接購入でき、購入場所によっての値段のバラつきなどが無く、子ども運賃などもはっきりしていた。ただ、何よりも、運賃を国ではなく航空会社が決めることができたのが大きな進歩だったのである。この運賃は当初は普及しなかったが、運賃自由化の第一歩ではあったのだ。

日本発国際線の自由化第一歩は関西国際空港開港がきっかけ（関西 2001年）

国内線の割引運賃はひょんなことから定着する

1994（平成6）年、日本発着国際線でこの新運賃制度が始まり、公の航空券価格がやや実勢に近くなったのだが、国内線は相変わらずであった。東京から沖縄へは片道3万円以上し、これといった割引がなかったので、公の価格で見ても、沖縄へ行くよりアジアの国々に行ったほうが安くなる状況であった。

こうした状況を打開するため、当時の運輸省主導で国内線にも割引運賃を導入するよう航空会社に働きかけ、早期に購入することでの割引運賃導入を促進した。しかし、航空会社にとってみれば、運輸省に言われて、いわば嫌々お付き合いで行なっているに過ぎず、割引運賃の席数は限られ、当時はインターネットが未発達だったため電話での予約になるのだが、満席云々以前に電話がつながらない状況であった。割引の航空券は「絵に描いた餅」であった。

しかし、徐々にではあるが国内線の割引制度も拡大する。当時の国内線の割引は2種があり、ひとつは早期購入割引。しかし、早期が28日前などであったため、かなり早めに予定を決める必要があり、購入できる人は限られていた。もうひとつが特定便割引であった。この「特定」はさまざまなことに使うことができ、時間帯や競合する交通機関があるか無いかなど、柔軟に設定できる割引であった。

　そして、ひょんなことから国内線の割引運賃が定着する。羽田空港の沖合展開工事が進行中で、市街地から遠い海側の滑走路が稼働することで、早朝、深夜の離発着が可能になったのだ。つまり、それまでは朝8時頃から21時頃まで使われていた機体を、早朝から深夜まで飛ばすことができ、機体を増やすことなく増便が可能になったのである。

国内線割引運賃は当初早朝や深夜便に多く、空港へのアクセスバスも多彩になった（羽田 2008年）

　しかし、どうしても早朝や深夜に発着する便は搭乗率が低かった。そこで、そういった時間帯の便に特定便割引を導入し、利用促進を図ったのである。こうして「早起きは三文の徳」ではないが、早朝便を利用すると安くしかも目的地に早く到着できるということで、羽田空港は朝早くから賑わうことになるのである。

　この頃から羽田空港への空港バスも多彩になる。羽田空港への空港アクセスといえば古くからモノレールがあり、京浜急行電鉄が空港直下へ乗り入れたのは1998（平成10）年である。モノレールなどの鉄道類は、飛行機の発着時間が早くなったからといって始発を早くするのは容易なことではない。

その点、空港バスを早朝に運転するのは比較的容易に行なえた。また、「バス」は時間に正確ではなさそうであるが、早朝の空港バスは朝のラッシュになる前に羽田空港へ到着するようなダイヤだったため、渋滞に巻き込まれることもほとんどなかったのである。通常、羽田を拠点にするバス会社以外が空港バスを運行する場合、空港へ到着後、今度は空港発の便になる。しかし、早朝の需要は「空港行き」に集中するため、空港到着後は回送で地元へ戻り、夜に再び回送で空港へ行き、今度は深夜便で到着した需要を受けて地元へ運行するなどというダイヤも組まれたのである。

スカイマークと新幹線で空の価格破壊

この割引運賃制度が定着し、日本の国内線が日本航空、全日空、日本エアシステムの3社寡占状態から脱却するのは1998（平成10）年である。規制緩和から新規航空会社が参入しやすくなったが、その第1号がスカイマークエアラインズであった。羽田〜福岡間を１機のＢ７６７型機で一日３往復のスケジュールで飛び、運賃は横並びであった大手航空会社のちょうど半額の１万３７００円であった。

通常Ｂ７６７型機の座席配置は横２－３－２の７列であるが、機内サービス簡素化などからワゴンを幅の狭いものにし、通路を狭くすることなどによって１席分のスペースを捻出、横２－４－２の８列とするなどして半額運賃を達成した。大手航空会社ならドリンクサービスはコーヒー、お茶、スープなど数種類から選択できるが、スカイマークでは選択を無くした。座席も窮屈であったが、大手運賃の半額だったので文句を言う人はいなかった。羽田～福岡間をたった１機の機体で運航するため、朝、昼、夕方の３往復しか無く、大手航空会社ほどの利便性はなかったが、運賃が大手航空会社の半額は画期的であった。当時の大手航空会社の運賃には割引運賃は皆無で、往復で購入するとわずかな割引があった程度だったので、福岡などは気軽な行先になった。何よりもスカイマークは大手寡占の価格に風穴を開けてくれたと歓迎された。

ところが、対抗する大手航空会社は露骨なスカイマークいじめを行なった。スカイマークが飛ぶ時間帯の便だけ、先述の特定便割引と称して大幅に値下げをして対抗したのである。しかし、これには、規制緩和を推進しようとしていた当時の運輸省、そして何よりも利用者の反感を買った。運輸省にしてみれば、もしこれで規制緩和の旗頭であるスカイマークが潰れたら、規制緩和推進の面子は丸潰れであるし、利用者にしてみれば、安く販売できるのなら「今までの運賃は何だったのか?」ということになる。

ただ、大手航空会社にしてみれば、羽田~福岡便はドル箱路線ではあるが、採算性のよくないローカル路線もある。新規参入航空会社は儲かりそうな幹線にだけ参入するので、「いいとこ取り」ではあった。

しかし、大手航空会社の特定便割引は次第に多くの便に適用されるようになり、総じて航空運賃は下がり始める。それは、ほかの交通機関との競合が激しくなっていた側面もあった。

1993(平成5)年、広島の新空港が現在の場所に開港するが、広島中心街から遠く、いっぽうの新幹線には1997(平成9)年、JR西日本に500系車両が導入されて山陽新幹線内での最高速度が時速300キロ

羽田~福岡間を大手航空会社の半額で参入したスカイマークは空の価格破壊に貢献(福岡 2001年)

へ向上、所要時間が短縮される。１９９７（平成９）年には秋田新幹線が開業し、それまで東北地方では航空が有利とされていた秋田へも新幹線で行けるようになる。

１９９８（平成10）年にはスカイマークに続けと北海道国際航空（エア・ドゥ）が羽田～新千歳間に就航、スカイマークと同様に大手の半額運賃を目指した。半額運賃は実現しなかったが、もはや大手航空会社同士が申し合わせたような運賃は通用しなくなり、航空運賃は大手航空会社同士、対新規参入航空会社、対鉄道と、競争にさらされることになる。すると、主要路線では日本航空は便数などで見劣りし、特定便割引では日本航空がもっとも安かったり、全日空では当時子会社だったエアーニッポンの仙台～新千歳間などにも特定便割引を拡大したりするなど、国内線航空運賃が徐々に使いやすくなる。こうなると、逆に割引の無い新幹線が割高に感じるようにもなるのである。

第3章

同時多発テロ事件で変わった航空業界―2000年代

2001年にアメリカで起こった同時多発テロ事件は、航空機が使われた事件だっただけに航空会社に与えた影響は大きかった。その影響で、世界の航空各社は派閥化を進め、派閥間の競争が激しくなり、日本へも古くから乗り入れていたような航空会社が倒産するなど、航空会社再編は世界へ波及する。

アジアでは建設中だった新空港プロジェクトが実を結び、航空会社再編とともに空港間の競争が激しくなる。そんな中、日本では独立系を貫いていた日本航空が連合入り、さらに日本エアシステムと統合を図るも破綻に追い込まれて再建の道をたどることになる。航空会社再編の流れは日本へも波及するのである。

航空業界を震撼させた同時多発テロ事件

2000年代に入ると航空業界は世界各国間での競争が激しくなる。アメリカの航空規制緩和以降、アメリカでは強い航空会社だけが生き残り、ヨーロッパでもEU経済統合で、それまでは国ごとに競合していたものが、EU全体で競合するようになる。すると、世界的に航空会社の民営化が進み、強いところだけが生き残るといった構図に変化していく。

日本では、世界の潮流に遅れてはいけないと全日空が１９９９（平成11）年に「スターアライアンス」へ加盟し、ユナイテッド航空やルフトハンザドイツ航空などと提携することによって世界基準のエアラインへと体質の強化を図り、２００３（平成15）年には社名を全日空からＡＮＡ（エーエヌエー）にしている。

「スターアライアンス」は、発足時の5社から１９９７年にヴァリグ・ブラジル航空が参加、さらに１９９９年にはニュージーランド航空と、ニュージーランド航空が資本参加していたアンセット・オーストラリア航空も揃って参加する。２０００年にはオーストリア航空やシンガポール航空も参加するなど、世界の主要航空会社は生き残りをかけて連合入りするようになる。

そんな矢先に、世界を揺るがす事件がアメリカで発生する。２００1年の同時多発テロ事件である。民間旅客機を複数同時に乗っ取った事件は世界を震撼させた。この事件をきっかけに空港の保安検査などが厳しくなり、旅客機の操縦室の立ち入り制限なども厳重になった。筆者は以前、飛行中の操縦室を気軽に見学させてもらったことなども何度かあったが、この事件以降、そのようなことは考えられなくなった。

空港の保安料が値上がりし、航空会社が保険会社に払う保険料も値上げとなり、それらは利用者負担となった。それまでは航空運賃以外に払う空港使用料などは運賃本体に比べれば微々たるものであったが、この事件以降は日本円で1万円以上となる空港まで現れる。こうなると世界的にも航空旅行需要が落ち込み、航空会社の収益は悪化、航空会社間の競合はさらに激しくなっていくのである。

現在では当たり前となった機内への飲料などの液体物持ち込み禁止は、この事件後ではないが、この事件の流れから、テロ行為を未然に防ぐ一環として行なわれるようになったものである。それまではペットボトル飲料などの機内持ち込みに制限は無かったものだ。

カナダではカナディアン航空が消滅

航空戦国時代に激しい航空会社間のバトルが繰り広げられていたアメリカのお隣カナダでは、広い国土はあるものの人口が少なく、航空会社間の競合は穏やかなものであった。おもにバンクーバー拠点にカナダ西部と太平洋便に力を入れていたのがカナダ太平洋航空、おもにトロント拠点にカナダ東部と大西洋便に力を入れていたのがエア・カナダであった。

古くから日本に乗り入れていたのはカナダ太平洋航空で、成田空港開港以前から羽田空港へ乗り入れていたほか、名古屋へも乗り入れていたが、大西洋便へも進出したことからカナディアン航空へ社名を変更していた。いっぽうのエア・カナダも関西国際空港開港を機に太平洋便へも進出、日本の乗り入れ地を関西にした。こうしてカナディアン航空とエア・カナダはうまく共存していたのだが、エア・カナダはユナイテッド航空などとともに「スターアライアンス」の発足メンバー、カナディアン航空はアメリカン航空などとともに「ワン・ワールド」発足メンバーとなり、派閥がきっぱり分かれてしまう。

そして人口の少ない西部を拠点にするカナディアン航空の経営が悪化、同じ連合のアメリカン航空が救済に乗り出したものの、カナダからすればアメリカン航空は海外の資本ということで、あからさまな支援を受けることはできなかった。しかし、いっぽうでユナイテッド航空はエア・カナダを陰で支え、結果的にはエア・カナダがカナディアン航空を買収する。世界の航

羽田空港時代から乗り入れていたカナダ太平洋航空改めカナディアン航空は消滅（成田 1996年）

空会社が連合化する以前の状態なら、エア・カナダとカナディアン航空はうまく共存できたはずなのに、航空連合があったがための買収劇と言われた。

航空業界は、カナダを舞台にした「スターアライアンス」と「ワン・ワールド」の代理戦争と捉えていた。それまではカナディアン航空とエア・カナダがライバルとして共栄していたのに、派閥化することでライバル関係が無くなり、「ワン・ワールド」はカナダでの砦を失いと、後味の悪い結末となるのだが、こういった流れはカナダにとどまらなかった。

オーストラリアではアンセットが倒産

カナダの次に舞台となったのは、オーストラリアであった。オーストラリアでは国際線を運航するカンタス航空、国内線はアンセット・オーストラリア航空とトランス・オーストラリア・エアラインズ（のちのオーストラリアン航空）の2社が均衡して運航していた。オーストラリアでも規制緩和が進み、カンタス航空は国内線進出のためオーストラリアン航空を買収、アンセット・オーストラリア航空も国際線に進出、1994（平成6）年開港の関西国際空港へも乗り入れた。開港直後の関西国際空港にしてみれば、アンセット・オーストラリア航空就航は、東京へは乗り入れていない航空会社の乗り入れということで自慢でもあった。

この流れにはニュージーランドも関係していて、アンセット・オーストラリア航空は、やはり規制緩和の進んだニュージーランドへも進出、アンセット・ニュージーランド航空としてニュージーランド国内線を運航するに至る。しかし、やはり規制緩和で民営化されたニュージーランド航空は、自国にオーストラリアの航空会社が進出したことで危機感を感じ、アンセット・オーストラリア航空に出資、さらにアンセット・ニュージーランド航空を傘下に収めてしまうのである。

そこへ世界の航空会社の連合化の波を受け、カンタス航空はブリティッシュ・エアウェイズなどとともに「ワン・ワールド」発足メンバーとなり、負けじとアンセット・オーストラリア航空は親会社のニュージーランド航空とともに「スターアライアンス」メンバー入りを果たす。

しかし、アンセット・オーストラリア航空はアメリカでの同時多発テロ事件の影響、さらに２０００年のシドニーオリンピックのスポンサー企業となるものの、効果が想定ほどではなかったことなどもあって財務状況が悪化する。２００１年には突然関西便の運航ができなくなって日本からのツアー客が帰国できなくなるといった事態を招いたこともあり、よほど財務状況の悪化が急だったのであろう。こうして2002年に倒産する。「スターアライアンス」はオーストラリアでの砦を失い、アンセット・オーストラリア航空を系列下に収めていたニュージーランド航空も財務状況が悪化、せっかく民営化したにもかかわらず、株をニュージーランド政府が買い戻し、実質国営に戻ってしまった。

こうしたカナダとオーストラリアの背景は似ていて、ともに広大な国土を有するので航空路は重要であるが、人口が少なく、ライバル同士の競争が激化すると「少ないパイの奪い合い」になってしまうのである。

続いてメキシコではアエロメヒコとメキシカーナ航空がライバルとして国内線・国際線を運航、アエロメヒコは「スカイチーム」の創立メンバー、追ってメキ

関西国際空港へも乗り入れていたアンセット・オーストラリア航空は突然の倒産であった（関西 1995年）

シカーナ航空は「スターアライアンス」に参加するもメキシカーナ航空は運航停止になってしまう。イギリスではブリティッシュ・エアウェイズは「ワン・ワールド」創立メンバー、ブリティッシュ・ミッドランド航空が追って「スターアライアンス」に参加するも、ブリティッシュ・ミッドランド航空も運航停止になってしまう。

航空各社は生き残りをかけて連合入りしたはずなのだが、その連合入りした航空会社が消えてしまうという皮肉な結果となってゆく。

「クオリフライヤー」は消滅

世界各国の主要航空会社はアメリカ、ヨーロッパ、アジア、中東、オセアニアなどから1～2社ずつが参加して「世界中どの地域もカバーしています」といった連合を形成していくのだが、その以前はこのような形態の連合とは限らなかった。

1992年に当時のスイス航空とオーストリア航空が始めた「クオリフライヤー」は、おもにマイレージ・プログラムでの提携を発端として、各種の提携に拡大する。サベナ・ベルギー航空、AOMフランス航空、TAPポルトガル航空、トルコ航空（現在のターキッシュエアラインズ）などが参加する、同じ地域の航空会社連合だった。

ブリティッシュ・エアウェイズ、エールフランス、ルフトハンザドイツ航空といったメガキャリアは参加せず、ヨーロッパの規模の小さい航空会社が集まってメガキャリアに対抗しようという動きであった。そもそも「スターアライアンス」を始めとする航空会社連合は、派手に勢力拡大を謳ってはいるが、個々の航空会社は積極的にネットワークを拡大しているわけではなく、どちらかというと連合入りによってネットワークを縮小していたのも事実だった。

アメリカの航空会社で言えば、自社便のヨーロッパ就航地を減らし、その代わり、提携するヨーロッパ系航空会社のヨーロッパ内の便を共同運航とすることにより、自社便を増やさずに就航地を増やすという手法だった。そのため、連合入りで自社便を縮小もしたのである。そしてこのような手法を活用するには、同じ地域の航空会社が連合を組んでも意味が無いという風潮になっていた。

そんな中、同じ地域の航空会社が力を合わせた「クオリフライヤー」であったが、2001年のアメリカ同時多発テロ事件で大きな影響を受ける。古くから日本でもお馴染みだったサベナ・ベルギー航空の経営が悪化し、2001年に唯一のアジア路線だった日本路線から撤退、また、同じ「クオリフライヤー」メンバーで、かつて日本路線も運航していたＡＯＭフランス航空は倒産してしまう。

「クオリフライヤー」のリーダーであったスイス航空はサベナ・ベルギー航空を救済しようとするが、同社にとってもサベナ・ベルギー航空にとっても、長距離便では北米路線がメインの路線であるのに、その北米路線が同時多発テロ事件で収益を悪化させ、翌２００２年には両社とも倒産し、「クオリフライヤー」も消滅してしまう。スイス航空、サベナ・ベルギー航空ともに、言わば優良航空会社、堅実経営でサービスにも定評があり、ともに日本路線は上質な路線と評価されていた。その2社が倒産というのは衝撃的で、スイス航空の機体が海外で銀行に差し押さえられるという事態にもなったのだ。

スイス航空は会社再建を模索した結果、就航路線を大幅に縮小し、機材も減らし、業績のよかった子会社のクロスエアーが引き継ぐことになった。クロスエアーは業績がよかったといっても、ローカル便しか運航しておらず、北米便などは運航していなかったので、テロ事件の影響を受けることがほとんどなかった。

日本便なども一時運休となったが、関西便などを撤退とし、成田便だけ再開、社名はスイス航空からスイスインターナショナルエアラインズとなり、2レターコードもＳＲからＬＸとなった。ＬＸはクロスエアーの2レターコードである。

こうしてスイス航空は子会社が引き継ぐという形で存続されたが、サベナ・ベルギー航空の存続は叶わなかった。元々は国営航空であったが、EU経済統合から民営化を進め、スイス航空の資本で成り立っていたため、ベルギーでの公的資金投入での再建もままならなかったのである。

このような経緯からベルギーには国を代表する航空会社が不在となり、のちに元サベナ・ベルギー航空の使われなくなった機材などでSNブリュッセル航空が新たに設立される。SNとは倒産したサベナ・ベルギー航空の2レターコードである。しかし、間もなくイギリスのヴァージンアトランティック航空を擁するヴァージングループに買収され、ヴァージンエキスプレスとなる。さらに、ルフトハンザドイツ航空資本によるブリュッセル航空として、小型の機体のみを使ってヨーロッパ内だけを運航する、いわばローカルな航空会社に至っている。

成田～ブリュッセル間を運航していたサベナ・ベルギー航空も消滅する（ブリュッセル 1996年）

ベルギーのブリュッセルといえばＥＵ本部があるなど、ＥＵ経済の中心地であるが、そこを拠点にする長距離国際線を運航する航空会社が長きにわたって不在という状況である。日本とはそれなりに需要のある都市なので、２０１５（平成27）年、ＡＮＡが成田～ブリュッセル間に就航している。ＡＮＡはＢ７８７型機の導入で、需要が少ない区間でも直行便運航が採算を得られるようになったことも、この区間の直行便が実現した背景にある。

南米でも航空会社が再編

世界の主要航空会社が連合を組むことで、航空会社の体質は強化されるのだが、それはすべての主要航空会社にとってプラスのことばかりではなかった。前述のようにカナダではカナディアン航空が、オーストラリアではアンセット・オーストラリア航空、ヨーロッパではサベナ・ベルギー航空など。日本に乗り入れていたような航空会社が、いわば戦いに敗れて姿を消してしまった。

そうした動きは南米へも波及する。南米はブラジルから日本へ長きに渡って乗り入れていたヴァリグ・ブラジル航空、また関西国際空港開港後、関西へ乗り入れていたヴァスピ・ブラジル航空があったが、この2社も姿を消してしまう。ヴァリグ・ブラジル航空はブラジル最古の航空会社で、世界で見ても老舗航空会社に数えられていた。日本へは羽田空港時代から乗り入れていたが、世界の航空会社の競争が激しくなり、国際線のメインとなるアメリカ路線では、アメリカ系航空会社が圧倒していた。それもそのはずで、アメリカ系航空会社は1980年代からのアメリカ航空戦国時代を勝ち抜いた航空会社だけが残っていた状態なので、経営体質がまったく違っていた。ヴァリグ・ブラジル航空は長きにわたって国営航空会社だったので、民間で鍛え抜かれたアメリカ系航空会社とは同じ土俵では戦えるはずもない。

日本へは成田と名古屋へロサンゼルス経由で乗り入れていたが、路線を大幅に縮小せざるを得なくなり、2004（平成16）年に日本便から撤退する。名古屋便は翌2005（平成17）年から中部国際空港へ移転となる予定だったが、ヴァリグ・ブラジル航空が中部国際空港へ乗り入れることはなかった。

こうして老舗航空会社が2007年、ブラジルの新規参入格安航空会社だったゴルに買収されてしまい、2年後の2009年には「ヴァリグ」ブランドは消滅する。LCCが老舗航空会社を買収したのである。ヴァリグ・ブラジル航空は「スターアライアンス」に加盟していたが、この買収劇で「スターアライアンス」はオーストラリアに続き、南米でも砦を失ってしまう。

さらに、関西へ乗り入れていたヴァスピ・ブラジル航空は２００５年に、そしてトランス・ブラジル航空も２００１年に消滅した。当時ブラジルで長距離国際線を運航するのはヴァリグ・ブラジル航空とこの２社の計３社であったが、３社とも表舞台から去ってしまうのである。

ブラジルでは変わってＴＡＭ航空が長距離国際線を運航する航空会社になるが、このＴＡＭ航空も波乱に満ちた道のりを歩む。ブラジルのお隣、チリを代表するラン・チリ航空に、国を越えて統合されるのである。ラン・チリ航空の「ラン」とはＬＡＮ＝Ｌｉｎｅａ Ａｅｒｅａ Ｎａｃｉｏｎａｌ＝国営航空という意味で、民営化後も馴染みのあるラン・チリ航空という名称であった。そしてラン・チリ航空とＴＡＭ航空が統合したのが現在のラタム航空である。ラタム（ＬＡＴＡＭ）とは、これ自体に意味があるのではなくＬＡＮとＴＡＭを合わせた造語である。現在は、チリとブラジル合わせて１社の航空会社しか生き残れなくなったといってもいいだろう。

国営航空会社が多かった南米地域では、この時期、多くの航空会社が民営化されるのだが、それまで国に守られてきた航空会社が民営化といっても、放漫経営から抜け出せず、職員もそれまで公務員だったものが、急に競争社会になっても対応できるはずもない。経済基盤も脆弱で、それまでの厳しい競争を勝ち抜いてきたアメリカ系航空会社とは互角に競合することなどできなかった。

ベネズエラ、エクアドル、ペルー、ボリビア、パラグアイ、ウルグアイと、それぞれには国を代表する航空会社が存在し、それぞれがワイドボディ機を保有して長距離国際線も運航していたのだが、次第に狭い地域の運航となり、やがて姿を消していった。

ヴァリグ・ブラジル航空に75周年マークが記されるも80周年は迎えられなかった（パリ 2002年）

終わってみると南米で生き残った航空会社は、ブラジルとチリで運航するラタム航空（「ワンワールド」に参加）、アルゼンチン航空（「スカイチーム」に参加）、そしてコロンビアのアビアンカ航空（「スターアライアンス」に参加）と、各航空連合1社ずつであった。もっとも、アビアンカ航空は、中米の航空会社を統合したＴＡＣＡグループを呑み込んでいるので、正確には「南米」というより「中南米」で、長距離国際線も運航できる航空会社で生き残れたのが3社ということになる。

また、ブラジルの老舗航空会社で長きに渡って日本便も運航していたヴァリグ・ブラジル航空を買収した格安航空会社のゴルは、２０２４年に倒産し、現在は会社再建中である。中南米の航空会社はどこも経営基盤が脆弱といわざるを得ないだろう。

乗り継ぎでも通過できないアメリカ

アメリカの同時多発テロ事件の影響で、航空会社が保険会社へ支払う航空保険料が上昇、利用者が払う空港での保安料も上昇するが、アメリカでは便の運航の在り方もかなり変わっていく。

アメリカでは、それまでも他国と異なるルールがあった。たとえば日本から香港へ行き、香港でタイやロンドン行きの便へ乗り継ぐ場合、香港へは入国せず、飛行機を乗り換えるだけである。これは韓国でもタイでもシンガポールでも同じである。つまり、乗り換え地は通過となる。

しかし、アメリカではそれができなかった。日本からダラスへ行き、２時間ほどの接続でメキシコや中南米へ乗り継ぐにしても、必ずアメリカへ入国し、再び出国という手続きになる。アメリカは「通過できない」国なのである。そしてテロ事件以前、唯一通過できたのが、成田発ロサンゼルス経由サンパウロ行きなどの、便名が通しの便で、経由地のロサンゼルスで機外へ降りず、機内で待つという便だけは例外であった。

ところが、テロ事件以降、この例外を認めなくなったので、経由便であっても全員がアメリカへの入国手続きを受けることになり、経由地での滞在時間が長くなってしまった。日本人からすれば「それならいったん手続きをすればいい」ということになるが、アメリカに1時間でも入国するということは、国籍によってはビザが必要で、その手続きが面倒な場合も多い。

この処置によって、日本や韓国とブラジルを往来する便は直通便である意味が無くなった。このほかにもヨーロッパからフロリダ経由の中米やカリブ便、ヨーロッパやアフリカからアメリカ経由のカナダ便などが意味をなさなくなり、休止やルート変更を強いられる。南米便を計画していた中国国際航空はアメリカ経由をやめ、北京〜マドリード〜サンパウロというルートにした。日本からカリブや中米へは、アメリカ経由ではなく、カナダ経由が好まれるようになるのだ。

　余談になるが、愛知県にはトヨタ自動車の関連会社が集まるために日系ブラジル人が多く、ヴァリグ・ブラジル航空が日本へ乗り入れていた頃は、名古屋へも乗り入れていたほどである。アメリカビザ取得の必要がない日本～ブラジル間直通便は需要の高いルートであったが、アメリカでの保安強化でそれができなくなったのは、大きな痛手であった。筆者は旅行会社勤務時代、日系ブラジル人の帰省などでのアメリカビザ取得にかかわったが、日本人と違って審査が大変面倒だったことを記憶している。

アメリカを通過することはできず、乗り継ぎであっても必ず入国手続きとなる（デトロイト 1995年）

　では、現在の日本～ブラジル間はどのようなルートが使われているかというと、多くの需要はドバイ乗り継ぎなどの中東経由に取って代わられている。

　アメリカの航空戦国時代、自社を優位にするために航空各社は「ハブ＆スポーク」の運航を始めたが、そのアメリカが、国際線では「ハブ＆スポーク」の運航とは相いれない制度になっているわけである。のちに

「乗り継ぎ重視」で中東系航空会社などが台頭するが、この「通過させるか、させないか」は航空会社再編に大きくかかわってくる。

ワールドカップ日韓共同開催と空港の拡張

2002(平成14)年になると日本の航空業界も環境が変化してくる。この年にFIFAワールドカップサッカー大会が日本と韓国共同開催となり、両国の交流が深まるのにあわせて、成田空港に建設中だった2本目のB滑走路を暫定的に稼働し始めたのである。本来、B滑走路は2500メートルの計画だったが、このときは2180メートルという暫定的な長さで供用を始めた。当時、滑走路1本の成田空港では増便などがまったくできない状態で、新たな乗入れ希望はすべて断っていたので、待望のB滑走路であった。

しかし、2180メートルの滑走路では、2002年当時多く運航されていたボーイングの747型機、777型機、エアバス社のA340型機といった機体による長距離国際線の離陸はできない。そのため、暫定滑走路の完成で新規乗り入れや増便ができたのは近隣の国がほとんどであったが、久し振りの成田空港発着便大増発となった。日韓便は大増便となり、アシアナ航空が大韓航空と肩を並べるほどに乗り入れるようになる。長らく政治的配慮から羽田空港発着で残されていたチャイナエアラインも成田発着に引っ越したほか、エバー航空も成田発着となって大増便となった。

中国民航から分割された新航空会社、ＭＩＡＴモンゴル航空、ベトナム航空、ニューギニア航空など、近隣の航空会社が新たな乗り入れとなった。ベトナムは現在日本とは太いパイプでつながっているが、当時はベトナム航空が関西へしか乗り入れておらず、２００２（平成14）年になって初めて成田便就航となった。それほどまでに、滑走路１本時代の成田空港は増便の余地がなかった。

ただ、Ａ滑走路は４０００メートル、Ｂ滑走路はその半分ほどの２１８０メートルしかないので、問題も多かった。Ｂ滑走路ができたことで大幅な増便が可能となったが、乗り入れの条件として「短いＢ滑走路発着」という条件付きだったので、実際は近距離の国際線しか増便できなかった。かと言ってすでに乗り入れている航空会社の近距離便に対し、Ｂ滑走路を使用させ、捻出したＡ滑走路を長距離便に充てるということもできない。古くから乗り入れている航空会社にすればＡ滑走路発着の既得権のようなものである。

そこで航空各社は運用に工夫をした。長距離国際便でも着陸であれば、ほぼ燃料が底をついた軽い状態になっているので短い滑走路でも可能である。そこで、B滑走路を着陸に充て、捻出したA滑走路使用権を離陸に充てたのだ。

具体例で紹介すると、当時アリタリア航空は週5便を運航する権利を有していた。週5便ということは着陸5回、離陸5回の計10回、A滑走路を使えることになる。そこでその10回を離陸に充て、着陸はすべてB滑走路を使うということにし、週5便から倍の週10便に増便している。

2002年、成田空港2本目の滑走路暫定供用で成田乗り入れとなったベトナム航空（成田 2002年）

週1便しか乗り入れができなかった航空会社が3倍の週3便にまで増便できた例もあった。エアタヒチヌイは週1便しか発着枠がなかったが、2回のA滑走路利用の権利を週2便の離陸に充て、着陸はB滑走路を利用、そしてもう1便は離発着ともにB滑走路とし、出発便を成田発関西経由タヒチ行きとした。B滑走路からタヒチへ直行は無理でも、関西までなら楽に飛べる。関西でタヒチまでの燃料を給油すれば問題ない。

この「関西経由」をうまく利用したのが、当時成田空港へは乗り入れていなかったウズベキスタン航空である。B滑走路へ着陸、日本発は関西経由とし、やはり関西で燃料を給油してウズベキスタンまで飛んだのである。しかし、この関西経由にも問題はあった。日本便を1便運航する度に、当時世界でもっとも高額ともいわれた空港使用料を、成田と関西双方の空港に支払わねばならず、競争が激しく航空運賃が安くなっている路線などでは、採算性の観点からこのようなルートは無理だったのである。

近隣国への国際線就航で羽田空港再国際化

2002（平成14）年の日韓共同開催だったFIFAワールドカップサッカー大会はほかにも航空業界に影響を与えた。それが羽田空港の再国際化である。1978（昭和53）年の成田空港開港以来、ずっと「国際線は成田、国内線は羽田」という姿勢を貫いてきたが、ヨーロッパの空港でもそうだったように、国際線と国内線を分けてしまうと国際線と国内線の乗り継ぎは不便になる。実際、1994（平成6）年に関西国際空港開港の際は、伊丹空港も存続されたものの、関西国際空港にも国内線が発着したので「乗り継ぎが便利」とも言われたのである。

さらに、成田空港が都心から遠いため、近隣国への国際線の場合、飛行時間は短いものの空港までの移動時間が長く、それが交流の妨げとなる問題もあった。

そこで、２００２（平成14）年から羽田と、やはりソウルの国内線空港となった金浦空港を結ぶ便が運航され、日本航空、全日空、大韓航空、アシアナ航空が毎日１往復の計４往復を運航した。ずっと「羽田は国内線」というルールがあったため、この日韓便は「定期チャーター」という形態で、具体的には利用者の半分以上がツアー客であるという条件が付けられた。「羽田＝国内線」に合理性は無く、羽田空港の再国際化は「出し惜しみ」のような状態でスタートしたのである。この羽田発着の国際線はのちに、台北の松山空港、上海の虹橋空港にも飛ぶようになり、近隣国際線から徐々に再国際化が拡大してゆく。

この頃、アジアに目を移すと大規模な新空港が多く開港している。１９９８年には香港の啓徳空港に変

2006年に開港したバンコク・スワンナプーム国際空港（バンコク・スワンナプーム 2012年）

わってチェクラップコク国際空港、クアラルンプールに第二の空港としてセパン国際空港、１９９９年には上海に第二の空港として浦東国際空港、２００１年にはソウルに第二の空港として仁川国際空港、２００６年にはバンコクに第二の空港としてスワンナプーム国際空港が開港する。どの空港も24時間稼働、複数の長い滑走路を有していた。

夜間発着ができず、滑走路が２本になったものの、１本が２１８０メートルしかないという成田空港の状況は、かなり見劣りしたのである。

日本航空と日本エアシステムの統合

日本では大きな再編劇が起こる。日本航空と日本エアシステムの統合である。〝航空憲法〟とも言われた「45－47体制」下では、日本航空は国際線と国内幹線、全日空は国内線全般、東亜国内航空は国内ローカル線運航と定められていて、この態勢が改められたのは１９８５（昭和60）年である。しかし、改められたといっても、急に日本航空が儲かる国内線へ多く進出することは難しく、東亜国内航空改め日本エアシステムとて急に国内幹線に進出することは難しかった。どうしても日本国内では全日空が強かった。

当時日本国内を旅行すると感じたことだが、地方の主要都市中心街にある旅行会社には、全日空や日本エアシステムの看板ばかりで、日本航空の鶴丸のロゴを見ることは少なかった。その地方の縄張りのようなものもあり、山陰地方なら、鳥取や米子は全日空、出雲は日本エアシステムといった構図があった。主要な地方空港へは全日空が運航、ローカルな空港への便や地方空港同士の便を日本エアシステムが運航し、日本航空の国内線は幹線以外では参入する余地があまりなかった。参入しても、ほかの2社が飛ばない時間帯などを運航するしか無く、効率が悪かった。

いっぽう、世界に目を向けると、前述のとおりアメリカでは多く存在した航空会社が淘汰され、強い航空会社のみが生き残った状態で、ヨーロッパでも同様の傾向だった。すると、決して広いとはいえない日本に大手3社が共存というのがそもそも難しくなってきたのである。

こうして2002(平成14)年、日本航空と日本エアシステムは経営統合し、日本航空システムという持株会社傘下となり、しばらくは機体や時刻表などにJALとJASという文字が併記され、さらに新ロゴマークにして長らく続いた鶴丸のロゴすら捨てる。しかし、経営統合から4年後の2006(平成18)年にはJASの文字は姿を消す。日本国内航空と東亜航空の合併、東亜国内航空、そして日本エアシステムといった会社の流れは、ここにすべて過去のものとなるのである。また、日本航空と統合されたことにより、地方空港同士を結んでいた便などは消滅してしまい、結局のところ大手航空会社が大都市発着以外の国内ローカル便を飛ばすという役割は薄れてしまう。

いったん無くなった日本航空の尾翼に描かれていた鶴丸は、２００８（平成20）年には新デザインとして復活、結局鶴丸が姿を消したのは3年にも満たなかった。

日本航空は日本エアシステムを統合し、全日空と互角に戦える態勢としたはずであったが、結果としては日本エアシステムのローカルできめの細かなネットワークが無くなり、大都市発着の日本エアシステム便が日本航空便に変わっただけであった。業績も思うようには上がらなかった。

日本航空と日本エアシステム統合直後はJASの尾翼ながら機体後部にJALと表記（広島 2004年）

エア・ドゥ、スカイネットアジア航空はＡＮＡと提携で生き残る

日本の新規参入航空会社は１９９８（平成10）年に羽田〜福岡間を当時の大手航空会社の半額で参入したスカイマークに続いて羽田〜新千歳間にエア・ドゥが参入した。福岡ではさらに、第三の勢力としてパンアジア航空も発足する。パンアジア航空は社名から想像できるが、福岡を拠点に国内線のみではなくアジアへの国際線も計画されていた。

しかし、福岡へはすでにスカイマークが就航していたので、競合を避けて拠点を宮崎に移して運航を始めたのがスカイネットアジア航空（現在のソラシドエア）で、２００２（平成14）年に羽田〜宮崎間に参入している。やはり大手運賃の半額とまではいかないものの、空の価格破壊に貢献した。

実現はしなかったものの、沖縄を拠点にするレキオス航空も計画されていて、格安運賃で羽田〜那覇間にＢ７６７型機を使って一日２往復運航させる計画であった。

スカイマークは実際に大手航空会社運賃の半額を達成でき、羽田〜福岡間という高需要路線で成功を収めることができたが、エア・ドゥ、スカイネットアジア航空は半額運賃を達成できず、スカイマークの二番煎じという感が否めなかった。この頃には大手航空会社の防戦体制も整い、競合路線では特定便割引などが充実するようになり、次第に、大手で

も時間帯や、早期に購入するなどすれば割安に購入できる態勢が整っていく。必ずしも新規参入航空会社が得ということではなくなっていたのである。

そのため、エア・ドゥとスカイネットアジア航空は低空飛行を続け、エア・ドゥは２００２（平成14）年に破綻、民事再生手続きとなる。スカイネットアジア航空も２００４（平成16）年に、当時あった産業再生機構による再建となる。しかし、両社とも、これといった業績回復の道を見出せず、このままでは破綻して運航停止になるのかと思われた。

ところが、その後は意外な展開となる。２００２（平成14）年に日本航空と日本エアシステムが統合したことで、国内幹線に異変が起きていた。それまでは、大手航空会社にとってもっともドル箱路線となる羽田～新千歳間などで日本航空、全日空、日本エアシステムの大手3社の勢力は拮抗していたのだが、日本航空と日本エアシステムの統合で全日空は不利な立場に追い込まれていた。そこで、全日空としてみれば、エア・ドゥと提携し、その便を自社便として取り込めば、日本航空と全日空の勢力が拮抗すると考えたのである。同様にスカイネットアジア航空とも提携すれば、自社便を増やすことなく九州便の充実も図れ、日本航空と対等以上にネットワークが充実する。

大手の半額を目指したエア・ドゥは結局大手と手を組むことになる（新千歳 2010年）

こうして2007（平成19）年、エア・ドゥとスカイネットアジア航空はANAと提携、共同運航便となり、ANAは大幅に便数を増やし、勢力を強めた日本航空と再び互角の国内線シェアを得る。エア・ドゥとスカイネットアジア航空にしてみれば、当初は大手が寡占する市場への価格破壊として参入したものの、その結末は大手と手を組むことになってしまうが、「背に腹は変えられない」といったところであっただろう。

その後は2社の全便がANAとの共同運航となり、ほぼANAの運航会社となってしまう。エア・ドゥ、スカイネットアジア航空の独自運賃も設定されるが、ANAからすれば「生かさず殺さず」の存在で、独自性は失われてしまい、価格では後に誕生するLCCのような低価格ではないので、中途半端な存在である感は否めない。その後に運航を始めるスターフライヤー、フジドリームエアラインズも大手との提携に力を注いでいるので、「空の価格破壊」として新規に参入した航空会社で独自性を貫いているのはスカイマークだけとなり、その後に誕生する航空会社は、いわゆるＬＣＣと呼ばれる航空会社へと変化していくのである。

日本人にお馴染みのノースウエスト航空、コンチネンタル航空が消滅

こうして大きく変化した２０００年代は、航空各社が体質強化を強いられた年代でもある。１９９９年には、全日空が航空連合入り、「スターアライアンス」に参加するが、これによって全日空はユナイテッド航空やルフトハンザドイツ航空など、世界を舞台に成長してきた航空会社から航空会社経営のノウハウを学び、これによって日本標準から世界標準の航空会社へと成長を遂げる。

中国では、１９８７年に地域ごとに９分割された航空会社が再統合されて北京拠点の中国国際航空、上海拠点の中国東方航空、広州拠点の中国南方航空の３社に集約される。中国西南航空と中国航空は中国国際航空へ、中国西北航空と中国雲南航空は中国東方航空へ、中国北方航空と中国新疆航空は中国南方航空へ統合された。中国北部を飛ぶ航空会社が「南方航空」だったり、中国西部を飛ぶ航空会社が「東方航空」となったが、広い中国ではあまり気にしないようで、そのまま現在に至っていて、日本便も、ハルビンや瀋陽と

いった中国北部からの便が中国南方航空によって運航している。

中国ではその後も航空需要が伸び、世界で100機以上の機体を保有する主要航空会社56社中、10社が中国の航空会社となった。中国国際航空、中国東方航空、中国南方航空の3社を始め、海南航空、山東航空、深圳航空、四川航空、天津航空、厦門航空、そしてLCCの春秋航空で、これらは日本へも乗り入れている。日本ではこの100機以上の機体を保有する航空会社は日本航空とANAの2社のみである。

航空戦国時代が一段落していたアメリカでも有力な航空会社が集約される。ユナイテッド航空が「スターアライアンス」、アメリカン航空が「ワン・ワールド」、デルタ航空が「スカイチーム」、これら3社が、いわばリーダーとして連合入りしていた。続くノースウエスト航空とコンチネンタル航空はKLMオランダ航空、アリタリア航空などとともに、第4の連合勢力「ウイングス・アライアンス」を形成するはずだった。しかし、すでに世界の有力な航空会社は前記3勢力へ集約されつつあり、さらにもうひとつの勢力を形成するのには無理があると判断され、「ウイングス・アライアンス」形成は断念となる。

そこで、アメリカの有力航空会社を再編成するため、ノースウエスト航空はデルタ航空と統合、コンチネンタル航空はユナイテッド航空へ統合となった。全日空が国際線へ進出する以前、日本発着国際線で日本航空に次いで多くの日本発着国際線を飛ばしていたのがノースウエスト航空だった。日本人の海外旅行を支えた航空会社が消えてしまったわけで、その赤い尾翼が無くなってしまうのは寂しく感じたものである。コンチネンタル航空も同様で、日本からもっとも気軽な海外であるグアム、サイパンへ飛び、テレビコマーシャルでもお馴染みの航空会社だっただけに、こちらも「一時代が終わった」と感じたものだ。

時間が前後するが、すでにトランス・ワールド航空はアメリカン航空に買収されていたほか、ＵＳエア改めＵＳエアウェイズはアメリカウエスト航空と統合していて、ユナイテッド航空と提携していた。しかし、業界再編で３つの勢力を拮抗させるため、ＵＳエアウェイズはユナイテッド航空から切り離し、「スターアライアンス」からも脱退、アメリカン航空との統合が図られるのである。

ここでの一連の動きは、１９８０～１９９０年代の勢力争いからの買収、統合劇とは一線を画し、「3勢力への調整」であって決してノースウエスト航空などが経営不振から弱体化していたなどの理由ではない。ユナイテッド航空とコンチネンタル航空の統合では、社名こそユナイテッド航空であるが、機体デザインはコンチネンタル航空のものとなり、そのデザインは現在も続いている。コンチネンタル航空との統合以前のユナイテッド航空の尾翼は、一貫してＵＮＩＴＥＤの「Ｕ」であったが、現在はコンチネンタル航空伝統の地球のマークが継承されている。

　こうして広いアメリカでさえ航空会社は、ハワイ、アラスカなど離れた地域、そして格安航空会社としてビジネスモデルの異なる航空会社を除くと、３つの勢力に集約される。

　いっぽう、ヨーロッパでも、国が異なるものの勢力地図は集約される。たとえばエールフランスとＫＬＭオランダ航空はエールフランス－ＫＬＭという持株会社傘下となっており、経営的には統合されていて、新機材発注なども共同で行なうなどの効率化が進められている。同様にブリティッシュ・エアウェイズとイベリア・スペイン航空もＩＡＧ（Ｉｎｔｅｒｎａｔｉｏｎａｌ Ａｉｒｌｉｎｅｓ Group）という持株会社傘下である。オーストリア航空、スイスインターナショナルエア

日本でもっとも馴染み深い海外の航空会社だったノースウエスト航空の赤い尾翼も消滅（成田 2007年）

ラインズはルフトハンザドイツ航空系列となった。
ヨーロッパでは、国が異なるという事情があるので、各国航空会社のブランドはそのままになっているが、経営的には統合が相次いだのである。

日本航空破綻でスリムな経営へ、ジャンボ機も退役

このように、アメリカで同時多発テロ事件が起こって以降、世界の主要航空各社は体質強化に努め、民営化、逆に再国営化されるところもあり、統合も相次いだ。そして体質強化できなかった航空会社は表舞台から姿を消す。老舗の航空会社でさえ、数多く運航停止となった時代である。

そんな状況を目の当たりにして危機感を覚えたのが日本航空であった。日本航空も決して安定した経営状況とはいえなかったほか、１９９９（平成11）年にいち早く航空連合入りしたＡＮＡに比べて経営体質改善が遅れていた。そこで、日本航空は航空連合とは距離を置き、連合入りはせずに「独立系」を保っていたのだが、２００７（平成19）年、方針を転換して航空連合入りし「ワン・ワールド」メンバーとなる。

しかし、日本エアシステムとの統合や「ワン・ワールド」入りでも抜本的な経営体質改

善は果たせず、２０１０（平成22）年に経営破綻となり、会社更生法の下での再建となり、会社の体質に大きなメスが入れられる。

国際線は便数の少ない路線などを中心に整理することになり、２０１０（平成22）年以前、すでに飛んでいなかった路線も含まれるが、ブラジル、メキシコ、ニュージーランド、オランダ、スイス、デンマーク、ギリシャなど、多くの国で日本航空機が見られなくなった。チャーター便会社だった子会社のジャパン・エア・チャーターは、リゾート路線を運航するＪＡＬウェイズに姿を変えていたが、ＪＡＬウェイズを清算したので、新千歳、仙台、小松、広島など、地方空港とハワイを結ぶ路線はすべて無くなった。

リゾートに力を入れていたJALウェイズも日本航空破綻で姿を消す（名古屋 2001年）

やはり子会社だった台湾路線専門の日本アジア航空は２００８（平成20）年に姿を消し、その後は台湾路線も日本航空の運航となっていたが、貨物専用便の運航もやめたので、日本航空から貨物専用機も姿を消した。付帯事業のホテルや免税店なども見直しが行なわれた。

国内線に目を移すと、２００２（平成14）年に日本エアシステムとの統合を果たしたものの、その日本エアシステム路線を引き継いでいたローカル路線のほとんどが姿を消した。旧日本エアシステムが保有していたダグラス社の血を引く機材は全廃、国内線は幹線を除いてＢ７３７型機での運航となり、ＡＮＡに比べて輸送力は低下した。経営破綻後、日本航空は搭乗率のよさをアピールしたが、それは機体を小さくしたから、という背景もあった。

なかでも、〝空の王者〟といわれたＢ７４７型機を日本航空が退役させたのは、日本の航空界においてひとつのエポックだった。同社はボーイングのＢ７４７型ジャンボ機を１００機以上運航した世界最大のＢ７４７型機オペレーターであったからだ。退役させた機材には、購入したばかりの新品同様の機体も含まれていた。

Ｂ７４７型ジャンボ機はボーイング社が開発した傑作機で、機体前部が２階建ての構造は、航空機に興味のない人でもすぐに「ジャンボ機」と判別の付くスタイルであった。エコノミークラスだけにすれば一度に５００人以上運べる機体は、空の旅の大衆化を進め、海外旅行を身近にしてくれたのである。

　この機体の果たした役割は計り知れないものがあるし、この機体と同時期に開発が進められていたフランス・イギリス共同開発の超音速機コンコルドがもし普及していたら、空の旅は一部の富裕層だけが楽しめる特別なものになり続けていたかもしれない。

　空港整備が遅れていた日本ゆえに活躍していた一面もある。成田空港は前述のとおり２００２（平成14）年までは滑走路が一本しか無く、関西国際空港開港は１９９４（平成６）年で、それまでの大阪は伊丹空港だけで国内線と国際線を運航していた。中部国際空港も開港しておらず、空港設備が需要に足りていなかった。一度に多くの乗客を運べる大型機が重宝される環境にあって、Ｂ７４７ジャンボ機には日本国内専用の短距離型があったくらいである。

　世界に目を向けても、Ｂ７４７ジャンボ機などを多

かつて日本航空は多くのB747機を運航したが、破綻を機に全機を引退させた（成田 2008年）

く運航する航空会社が、大手の一流航空会社の証とみられる傾向があったのも事実である。しかし、長距離も飛べて燃費もいい双発機のＢ７７７型機が１９９４年に開発されてからはエンジン４基ゆえ経済性に劣り、世界では主要空港が整備されて増便が可能になり、小さめの機体で数多く飛ぶというビジネスモデルの変化にもあわなくなっていたのである。

日本アジア航空は役目を終えて消滅

こうした時代の日本航空に関連して、当時らしい国情を映した航空会社の努力の事例に触れておきたい。それは台湾と日本アジア航空である。これは、日本航空路線の中で、台湾路線を運航するための航空会社であった。

そもそも台湾へは日本航空が運航していたが、１９７２（昭和47）年、時の田中角栄首相が中国を訪問し、日中国交回復を果たした。そのため、台湾とは国交を断絶せざるを得ず、半官半民である日本航空は台湾路線を休止としてしまった。そこで、便宜上ではあるが台湾路線を別会社として運航することになり、それが日本アジア航空であった。別会社といっても１００パーセント日本航空の子会社だった。

実は日本のみならず、台湾便を別会社にした国がある。オーストラリアのカンタス航空は、オーストラリア・アジア航空という別会社で台湾便を運航した。ヨーロッパの航空会社も国営航空、またはそれに準じた航空会社が多いので、中国、台湾双方へ乗り入れる航空会社は気を使い、日本やオーストラリアのように別会社にする国こそなかったが、台湾便専用の機体をあつらえて運航した。

日本航空と同じデザインながらJapan Asiaと記された日本アジア航空は台湾便専門だった（成田 1983年）

イギリスのブリティッシュ・エアウェイズは「ブリティッシュ・アジア・エアウェイズ」、オランダのKLMオランダ航空は「KLMアジア」と機体に表記した機材で運航、これらには、王室のマークなどが削除されていた。フランスのエールフランスは尾翼がフランス国旗のトリコロールカラーで、配色が白、青、赤の3色であったが、台湾便の機体は赤の部分が青く塗られ「エールフランス・アジー」と記した（「アジー」はアジアの意）。スイスのスイス航空は尾翼の白十字の国旗が無く、代わりに台湾を意味する「瑞」と記した。ドイツのルフトハンザドイツ航空は、系列にチャーター便などを運航するコンドル航空があったので、その機体で運航した。反面、まったく気を使わなかったのはアメリカの航空会社で、ノースウエスト航空やユナイテッド航空が中国、台湾双方へ乗り入れていたが、そもそもアメリカには民間航空会社しか存在しなかったから、中国も台湾もその会社の一就航地として扱ったのである。

台湾路線が再び日本航空の運航になったのは、２００８（平成20）年のこと。この時は日本航空が半官半民から民営化されて久しい頃。中国と台湾の当事国同士であっても、直接の経済交流が活発化しており、日本アジア航空が存在する意味が薄れていたのである。

中国と台湾は直接交流へ

この台湾－中国間に関して、航空地図の上でも国情が見え隠れする。

そもそも同じ北京語を話す民族で往来需要は旺盛であったが、長い間、中国本土と台湾を結ぶ航空会社はなく、多くの需要は当時イギリス領だった香港を経由していた。

香港がイギリス領から中国返還となったのが１９９７年である。この時、香港へ乗り入れていた台湾の中華航空はデザインを変更、尾翼に描かれていた中華民国国旗を消し、中華航空の文字は「チャイナエアライン」となった。中華民国国旗を掲げた中華航空のままでは、中国へ返還となった香港へ乗り入れることが難しかったからである。

しかし、中国と台湾はさらに経済交流が深まっていき、香港の中国返還から11年を経た2008年、チャーター便扱いながら中国と台湾を直接結ぶ便が実現する。ただし、中国と台湾を飛ぶ航空路がなかったため、このチャーター便は香港上空の管制圏を通過するルートだったため、便によっては大幅な遠回りだった。それでも直行便が飛んだことは、大きな意義があった。

その後は正式に定期便として中国各地と台湾が結ばれることになり、航空路も開設された。定期便が開設されると大きな需要が生まれ、現在ではLCCも含めて高需要路線となっていて、国際線ではあるが「両岸便」という表現を用いている。中国人にとって、台湾は言葉が通じる海外でもある。

返還前の香港へ乗り入れた中華航空、当時は中華民国国旗を掲げて中国の航空会社と並んでいた（香港 1995年）

ちなみに台湾の航空会社にとっても、飛行ルートで大きな変化があった。２０００（平成12）年、筆者は台湾のエバー航空で成田から台北で乗り継いでパリまで飛んだ経験があるが、台北離陸後、新潟や佐渡島上空を通過後、ロシア領内をパリへ向かった。成田から台北へ向かった筆者にとっては逆戻りであったが、中国上空を飛べなかったためであった。現在は逆にロシア上空を飛べないので、中国、ベトナム、ラオス、ミャンマーなどを経てパリへ向かっている。

台湾の航空会社は、飛行ルートにおいてさまざまな制約があったわけである。

羽田の国際線ターミナル完成で国際化が加速

航空会社の再編と並行して、日本の空港事情を眺めると、２０００年代後半、懸案だった空港事業などが完成して施設面での充実が図られる。２００６（平成18）年には成田空港のターミナルの使い分けが組み変えられていて、ターミナル１の南ウイングにＡＮＡを始め「スターアライアンス」系航空会社が、ターミナル１北ウイングに「スカイチーム」系航空会社が、そしてターミナル２に「ワン・ワールド」系航空会社が発着するようになる。そのほか、連合に属さない航空会社はそれぞれ分散して各ターミナルを発着するようになった。

２００９（平成21）年には、２１８０メートルと暫定的な長さだった成田空港Ｂ滑走路が、本来計画の２５００メートルの長さになる。運用は基本的に離陸がＡ滑走路、着陸がＢ滑走路となるが、Ｂ滑走路でも離陸に支障はほとんど無くなる。ただし、誘導路の形状の関係で大型のＡ３８０型機は離着陸ともＡ滑走路に限定された。

２００９年にはＢ７８７型機が初飛行、以降、こういった軽量で低燃費の機体が主流となり、離着陸性能が向上したので、長距離便であっても必ずしも長い滑走路を必要としなくなり、成田空港Ｂ滑走路の短さはあまり問題とならなくなる。

そもそもの話になるが、Ａ滑走路の４０００メートルの長さは、超音速機コンコルドの離着陸を想定しており、成田空港の当初プランはあまりに古い。現在の常識からすると、貨物を満載した大型貨物機であっても３５００メートルの滑走路があれば充分で、旅客機の性能向上、またＢ７４７型機などの超大型機の引退で、以前ほど「滑走路は長いほうがいい」という風潮は無くなっている。

むしろ日本の地方空港にある３０００メートル滑走路は「宝の持ち腐れ」とも言え、「欧米への直行便も離陸可能」などという理由で建設されたが、実際に欧米への直行便が飛ぶ地方空港など無く、過剰投資だったと思える。

２０１０（平成22）年には羽田空港の国際線ターミナル（現在のターミナル３）と４本目の滑走路となるＤ滑走路が供用を開始、羽田空港の再国際化が加速する。「成田が稼働できない深夜を中心に羽田を活用」と、おもに深夜に国際線を飛ばすようになるのだが、なし崩し的に羽田発着の国際線は増えていく。現在はデルタ航空、ブリティッシュ・エアウェイズ、ルフトハンザドイツ航空など、メジャーな航空会社が成田から撤退し、羽田のみに発着している。

日系航空会社も成田発着便の多くを羽田へシフトし、ずっと海外からの乗り入れを断り続けなければならないほど発着枠がタイトだった成田空港が、その後はメジャーな航空会社に敬遠されがちな空港となってしまうのである。

羽田空港の国際線ターミナルはその後「ターミナル

国際線で賑わう羽田空港であるが、多くは成田からの移行（羽田 2018年）

3」という名称に変更になるが、これはANAがターミナル2に自社専用の国際線ターミナルを建設したからで、国際線＝国際線ターミナル発着とは限らなくなったための処置であった。それほどに航空各社は羽田発着国際線に力を入れるようになる。

第4章

世界的に広がるＬＣＣのシェア

近年、世界的に再編される航空会社を見渡すとき、大きな存在となっているのがＬＣＣ、格安航空会社の存在である。２０２２年の世界の航空会社の旅客数順位では、上位10社のうち４社（アメリカ、インド各１社、ヨーロッパ２社）がＬＣＣとなった。日本でももっとも旅客数が多いのがＡＮＡだが、その順位は20位なので、世界では、ＬＣＣが普及し毎日多くの人が利用しているという実態が理解できる。このＬＣＣには、欧米のような生粋のＬＣＣもあれば、アジアのように大手系列のＬＣＣが多い地域もある。当初は地域需要が主体だったが、長距離路線にも進出を始めている。この章では、ＬＣＣの素顔に迫ってみたい。

高速バス層さえ奪った日本のＬＣＣ

２０１２（平成24）年、日本国内を初めて〝ＬＣＣ〟と呼ばれる航空会社が運航を始めた。ＬＣＣとはLow Cost Careerの意で、いわば格安航空会社である。ＬＣＣの登場で、空の旅のポジションがずいぶん変わる。

ＬＣＣは機内サービスなどを簡略化、徹底した合理化によって低運賃としている。それまでは〝低価格商品〟で、「鉄道より飛行機のほうが安い場合もある」程度だったものが、「飛行機のほうが安い」が当たり前になるほどの価格差がある。なぜ、それが可能なのか。

既存の大手航空会社のビジネスモデルは、機材、地上の運航支援費、販売や営業、機内サービス、人件費などを算出し、それに利益をプラスした結果、運賃を３万円にすれば成り立つというような順番で計算する。それに対しＬＣＣは、「利用者からすれば○○～○○間の運賃が１万円なら利用しやすいだろう」という発想に始まり、それでは「その区間を１万円の運賃で利益を出すにはどうすればいいだろうか？」と試行錯誤されるのである。その運賃が達成できなければ、その区間に参入しない。

その工夫とは、まさに合理化の塊である。機材を小型機クラスに統一し、この機材で運航できる就航地に限定する。拠点空港を一カ所にまとめて機体や乗員が拠点空港以外に滞在しないようにする。貨物営業は行なわず、機内サービス、受託手荷物、事前座席指定は有料、拠点空港以外では地上係員による清掃などを省略、折り返し時間を短くしてその分、運航に充てる。座席間隔を狭くし、定員を増やす。仲介手数料を必要としないインターネット経由のチケット販売で人件費を抑える。他社とのインターラインを組まない、など。

日本国内初のＬＣＣとなったのはＡＮＡ系列のピーチ・アビエーションで、２０１２

（平成24）年に関西を拠点とし、新千歳、福岡、長崎、鹿児島などへ飛んだ。これはさっそく影響が表れた。それまでの航空便のライバルといえば、新幹線と相場が決まっていたが、同社の就航により大阪～鹿児島間、翌2013（平成25）年には大阪～長崎間を運行していた阪急バス、および共同運行する九州のバス会社の夜行バスが廃止に追い込まれている。〝運賃がリーズナブル〟と呼ばれていた高速バスの利用層まで、航空会社が奪ったのである。

ピーチ・アビエーションの長崎行き初便を消防車の放水アーチでお出迎え（長崎 2012年）

日本のＬＣＣは再編の連続だった

日本では２０１２（平成24）年にピーチ・アビエーションが関西を拠点に登場したあと、エアアジア・ジャパンとジェットスター・ジャパンが成田を拠点にして就航、３社のＬＣＣが揃い踏みとなる。ピーチ・アビエーションはＡＮＡ系列、エアアジア・ジャパンはマレーシアのエア・アジアとＡＮＡなどの共同出資、ジェットスター・ジャパンはオーストラリアのジェットスター航空と日本航空などとの共同出資である。海外の航空会社が日本を拠点に運航する場合は、外資規制があるため3分の1までしか出資できず、残り3分の2の日本側企業の出資が必要になるので、こうした資本になる。

これには、国内の特殊な空港事情もあった。日本でもっとも利用者が多いのは羽田空港なので、ＬＣＣ各社も羽田を発着としたいのであるが、まとまった数の発着枠獲得が困難で、首都圏の発着空港は成田となった。それまでは成田空港を発着する国内線は、国際線との接続便程度だったので、ＬＣＣの本格運航で成田空港のポジションが大きく変わった。関西圏も同様で、発着枠が無い伊丹空港へのＬＣＣの乗り入れはなかった。

それでも、ＬＣＣは国内移動の傾向を変えた。鉄道や長距離バスなど、ほかの交通機関との競合とは別に、国内長距離移動が気軽なものになった。筆者の知人に北海道、四国、九州の出身者がいるが、口を揃えるのが、「それまでの帰省が一年に1回だったとすれば、年に3～4回になった」と言うのだ。

しかし、日本でのＬＣＣ事業はすぐに再編の世となる。２０１２（平成24）年に飛び始めたＬＣＣ3社の中で、エアアジア・ジャパンは、日本では3分の1までの出資で、思うような事業展開ができなかったのか、２０１３（平成25）年、たった1年で撤退してしまう。エアアジア・ジャパンはＡＮＡが引き継いでバニラ・エアとなり、ＡＮＡは関西拠点のピーチ・アビエーションと成田拠点のバニラ・エアのＬＣＣ２社を系列に持つことになる。しかし、同じＡ３２０型機で運航するＬＣＣ２社に出資は効率が悪く、２０１９（平成31・令和元）年にピーチ・アビエーションに一本化し、バニラ・エアは6年ほどで消える。

エアアジア・ジャパンを引き継いだバニラ・エアはピーチ・アビエーションへ統合（成田 2019年）

ところが、２０１３（平成25）年に日本から撤退したエア・アジアは２０１７（平成29）年に再び日本での事業を展開する。前回の失敗を踏まえ、拠点を中部国際空港に変え、日本側出資のパートナーも楽天など航空会社以外として再スタート。だが、時期が悪く就航後間もなくコロナ禍となり、２０２０（令和２）年に再び撤退する。その後も日本へはマレーシアのエア・アジアＸ、タイ・エアアジアＸ、エアアジア・フィリピン、インドネシア・エアアジアＸ（のちに撤退）などが乗り入れていて、エア・アジアと日本の係わりは深いのだが、エア・

アジア系列の日本国内線の運航は無くなっている。

いっぽう、２０１４（平成26）年には、中国最大のＬＣＣである春秋航空も日本国内路線へ参入、春秋航空日本（現在のスプリング・ジャパン）として運航を始める。春秋航空は中国の大手旅行会社系列で、上海の観光バスなども運行する総合観光事業者である。中国国内でエアバスＡ３２０型機を多く運航していたが、日本ではボーイング社のＢ７３７型機で運航した。これは、日本では日本航空、ＡＮＡを始め、多くの航空会社がボーイング機材を多く運航、ボーイング機のパイロットが多いからという理由である。パイロット調達のことも念頭に置いての、中国らしい戦略的な日本進出となった。

ただし、こちらも外資規制があるため日本側のパートナーが必要で、当初は航空会社以外のパートナーであったが、２０２１（令和３）年に日本航空系列となっている。この時点で日本航空はジェットスター・ジャパンとスプリング・ジャパン、２社の国内線を運航するＬＣＣに出資することになる。

ＬＣＣに定義は無い

別表のように日本へ乗り入れるＬＣＣの会社数を見てもその趨勢は分かるが、実際、

２０００年以降は世界各地でＬＣＣがシェアを伸ばしていて、２０１０年頃からは、全世界で「域内の航空需要はＬＣＣがまかなう」という構図が定着している。世界の旅客航空会社のうち、１００機以上の機体を運航する規模の大きな主要航空会社は55社あり、そのうち18社がＬＣＣとなる。その18社中、前述した古くからあるアメリカのサウスウエスト航空とアイルランドのライアンエアーを除く16社が、１９９０年代以降に誕生した、いわば新しい航空会社である。

１００機以上の機体を運航するＬＣＣ18社の内訳は、アメリカがもっとも多く5社、次いでイギリスとブラジルが2社、そして中国、マレーシア、インドネシア、インド、トルコ、スペイン、アイルランド、カナダ、メキシコに1社ずつとなっている。日本で１００機以上の機体を運航するのは日本航空とＡＮＡのみで、ＬＣＣでもっとも機体の数が多いピーチ・アビエーションでも36機である。日本は航空需要の高い国であるが、まだまだＬＣＣの普及では、世界の趨勢から遅れていると言えるかもしれない。

また、興味深いのは、主要国ではドイツとフランスに規模の大きなＬＣＣが存在しないこと。かつて、ドイツにはエア・ベルリンという規模の大きなＬＣＣがあったが倒産してしまった。いっぽう、フランスでは国営のエールフランスを守るという保守的な風潮があ

■日本国内と日本発着国際線のLCC

	系列		おもな出資元
大手系	日本	ジェットスター・ジャパン	カンタス航空、日本航空
		スプリングジャパン	春秋航空、日本航空
		ZIP AIR Tokyo	日本航空
		ピーチ・アビエーション	ANA
		エアージャパン	ANA
	韓国	ジンエアー	大韓航空
		エアソウル	アシアナ航空
		エアプサン	アシアナ航空、釜山市
	台湾	タイガーエア台湾	タイガーエア（設立時・現スクート）、チャイナエアライン
	香港	香港エクスプレス航空	キャセイパシフィック航空
	タイ	ノックエア	タイ国際航空
	シンガポール	スクート	シンガポール航空
		ジェットスター・アジア航空	カンタス航空
	オーストラリア	ジェットスター航空	カンタス航空
		ヴァージン・オーストラリア	ヴァージンアトランティック航空
非大手系	拠点		備考
	韓国	チェジュ航空	
		ティーウェイ航空	ワイドボディ機も運航
		イースター航空	
		エアロK	清州拠点、2024年から仁川国際空港も拠点化
	中国	春秋航空	
	フィリピン	セブパシフィック航空	ワイドボディ機も運航
		エアアジア・フィリピン	エア・アジア系列
	ベトナム	ベトジェットエア	ワイドボディ機も運航
	タイ	タイ・ベトジェットエア	ベトジェットエア系列
		タイ・エアアジア	エア・アジア系列
		タイ・エアアジアX	エア・アジア系列、ワイドボディ機のみ運航
		タイ・ライオン・エア	ライオン・エア系列
	マレーシア	エア・アジアX	エア・アジア系列、ワイドボディ機のみ運航
		バティック・エア・マレーシア	ライオン・エア系列
	カナダ	ウエストジェット航空	ワイドボディ機も運航

り、ＬＣＣもエールフランス傘下のオップという会社が運航するが、その規模は小さい。

アジアも、規模は中程度ながら各国にＬＣＣが飛んでいるが、全体的な傾向もある。日本同様、アジア、とくに東南アジアや東アジアでは大手系列のＬＣＣが多い。ＬＣＣ単独の独立系がほとんどの欧米系とは対照的だ。これには理由もある。欧米では以前から独立系の格安航空会社があり、域内の航空網は格安航空会社が大きなシェアを持っていた。これが全世界へと拡大していき、アジア地域でも格安航空会社が誕生するのは時間の問題であったことは予測できたであろう。そこで独立系の格安航空会社が現れる前に、危機感を持った大手航空会社が先手を打った形で傘下に格安航空会社を誕生させたわけである。これがアジアのＬＣＣに大手系列が多い理由と考えられる。やはり、ＬＣＣ登場は歴史の必然だった、のかもしれない。

そもそもであるが、ＬＣＣに定義は無く、世界の航空会社を大手航空会社とＬＣＣに分けることは難しい。ＬＣＣ＝格安航空会社であるが、世界には「サービスは大手並みだが運賃は大手より安い」という航空会社だってある。実際、ＬＣＣという言葉が流行りだしたとき、「我が社は昔から格安運賃なので元祖ＬＣＣです」というような航空会社もあれば、「我が社は運賃が安いですがサービスは上質なので安っぽいＬＣＣと一緒にされては困ります」というような航空会社もあった。

それにアメリカのサウスウエスト航空、ヨーロッパのライアンエアーやイージージェット、インドのインディゴの４社は、４章冒頭に述べた世界で旅客数10位以内に入る航空会社で、ＬＣＣであることには間違いないが、機体数、路線網、旅客数の規模からすると、大手中の大手なのである。つまり大手とＬＣＣといった分けかたは実態に合わない部分もある。

ヨーロッパ内の移動を気軽にしたイギリスのイージージェット（アテネ 2022年）

中東や中欧でも盛んに運航するＬＣＣ

世界ではＬＣＣのシェアが高く、数字の上からもそれは明らかだ。航空会社の規模を表す数字に「旅客キロ」というものがあり、２０２１年のランキングでは上位からアメリカン航空、デルタ航空、ユナイテッド航空、サウスウエスト航空、ライアンエアー、中国南方航空、エミレーツ航空、カンタス航空、中国東方航空、ターキッシュエアラインズで、10位以内にサウスウエスト航空、ライアンエアーと2社のLCCがランクインしている。

「旅客キロ」は乗客数と距離を乗じているので、長距離便を多く運航していれば乗客数は少なくても数値を稼ぐことができる。しかし、サウスウエスト航空とライアンエアーはB737型機しか保有しておらず、短距離便ばかりしか運航していないにも関わらずランクインしているということは、乗客を小まめに多数運んでいるということを意味している。

そのほかの8社は定員の多いワイドボディ機を使って長距離を飛ばしており、少ない便数でも「旅客キロ」の数字を稼ぐことができるが、LCCが運航している小型機での短距離便では、何度も何度も飛ばなければ「旅客キロ」は稼げない。

しかし、これだけ利用者数の多いサウスウエスト航空とライアンエアーだが、この2社を利用した日本人観光客は意外に少ないのも事実である。この2社はアメリカ国内、ヨーロッパ域内の地域密着の運航で、国際線からの乗り継ぎといった視点は希薄である。これは大手航空会社とまったく異なる飛びかただ。2社とも大きな国際空港を避け、地域密着の市街地に近い空港などをおもに発着、地元客用のフライトが多い。

日本ではまだまだLCCが特殊な存在に扱われていて、もっとも利用者の多い羽田空港に国内線のＬＣＣが1便も飛んでいないが、世界的に見るとかなり特殊な状況と言える。

世界一の人口を抱えるようになったインドでもＬＣＣは大躍進で、インドを代表する航空会社エア・インディアの保有機数が１００機強なのに対し、インド最大のＬＣＣとなるインディゴはその3倍の３００機以上を運航するに至っている。インドは人口が多いのと、中流階級が増えたことで国内需要が高いが、おもな国際線の行先は経済的つながりが高く、出稼ぎ需要の多いマレーシア、シンガポール、中東便である。同社は２０２４年にエアバスのワイドボディ機を大量に発注、今後は中・長距離便へも進出するものと思われる。

中東地域に多く飛ぶのはアラブ首長国連邦を拠点にする航空会社である。ドバイを拠点にするフライドバイは中東最大のＬＣＣで、１００機近いＢ７３７を運航するが、２０２３年にはドバイで行なわれたエアショーでＢ７８７型機を30機発注、今後は中・長距離便へも進出するものと思われる。

アラブ首長国連邦のシャールジャを拠点にするエア・アラビアは、同じくアラブ首長国連邦のアブダビ、そしてエジプト、モロッコにも、それぞれエア・アラビア・アブダビ、エア・アラビア・エジプト、エア・アラビア・モロッコを設立、さながら中東版エア・アジアの道を歩んでいる。

エア・アジアもそうだが、格安の地域航空を飛ばすことで大きく変わったのが、出稼ぎ労働者の移動が活発になったことであるが、フライドバイはＢ７８７型機の導入から、ドバイを拠点にした第３国間輸送を行なうＬＣＣとなる可能性が高いであろう。そうなると世界の航空需要もさらなる進化がありそうである。

元東欧、現在は〝中欧〟などと呼ばれるハンガリーでは、長らくの社会主義国時代を経ていて、国営のマレーヴ・ハンガリー航空が旧ソ連製機材を運航していた。東西冷戦終結後はボーイング機材に切り替えたが、古い体質から抜け出せずに消滅、国を代表する航空会社が無くなってしまう。ところが、その後はハンガリーではＬＣＣのウイズエアーが大躍進、現在ではポーランド、イギリス、マルタ、アラブ首長国連邦までも拠点化し、ヨーロッパ中を飛び回るＬＣＣに成長している。

スペインでも、古くから国を代表するのはイベリア・スペイン航空で、長距離国際線も数多く運航、日本へも乗り入れるが、新規参入のＬＣＣのブエリング航空がヨーロッパ内で攻勢を強めていた。そして、ブエリング航空はイベリア・スペイン航空やブリティッシュ・エアウェイズの持株会社であるＩＡＧ系列となり、ヨーロッパでは数少ない大手と同系列のＬＣＣになったのである。

　カナダでは１３０ページで述べたようにカナディアン航空が姿を消し、大手航空会社はエア・カナダ１社となっていたが、手薄になったカナダ西部を拠点に誕生したＬＣＣのウエストジェット航空が成長、２０２２年には初の長距離太平洋便として日本乗り入れを果たしている。

　航空会社の再編によって大手航空会社に間隙ができ、その隙間がＬＣＣの活躍場所になった地域も多いのである。

ハンガリーのウイズエアーは一躍メジャーなＬＣＣに成長した（アテネ 2022年）

“隙あらば”の大手航空会社とＬＣＣの関係

　ＬＣＣ誕生の経緯に、大手航空会社の再編劇が大きく関係している例がある。

　日本でもっともＬＣＣらしい運航をしているのはジェットスター・ジャパンで、「最低運賃保証」を謳っていて、運航時間帯等に難があるものの同じ区間を運航する航空会社よりは低い料金になっている。同社はオーストラリアのＬＣＣ、ジェットスター航空と日本航空の共同出資で、これは日本の外資規制があるため日本側の出資会社を探す必要があったためである。日本航空としても、ＬＣＣを始めから立ち上げるよりは、すでに実績のある航空会社との共同出資のほうが手っ取り早い。双方のメリットがあったのであろう。

このジェットスター航空はカンタス航空系列のＬＣＣだが、その誕生の経緯が興味深い。もともとオーストラリアではカンタス航空が国際線、オーストラリアン航空（元トランス・オーストラリア・エアラインズ）とアンセット・オーストラリア航空の2社が国内線を運航していた。ところが国内線にも進出したいカンタス航空がオーストラリアン航空を買収、アンセット・オーストラリア航空も国際線へ進出するものの、急な事業拡大などで倒産したのは3章で述べた通りである。

こうしてオーストラリアの航空事業はカンタス航空の独壇場になるのだが、それもつかの間であった。イギリスのヴァージンアトランティック航空がオーストラリアで事業を展開するヴァージンブルーを設立、国内でのシェアを伸ばしていたのだ。さらに社名をヴァージン・オーストラリアに変更、ロサンゼルス便など長距離国際線にも進出する。世

ジェットスター航空誕生のきっかけともなったヴァージンブルー（ケアンズ 2009年）

界各国で航空の規制緩和が進んだ結果、需要のありそうな地域であると判断すると、商魂たくましい外資が「隙あり」とばかり参入してくるのである。

そこで、ヴァージン・オーストラリアの攻勢に危機感を感じたカンタス航空が設立したのがＬＣＣのジェットスター航空だったのだ。現在は日本で「ジェットスター」というと、ジェットスター・ジャパンのことを指すことが多いが、オーストラリアの本家ジェットスター航空もオーストラリアから成田と関西へ乗り入れているほか、親会社のカンタス航空も乗り入れている。そして、ジェットスター航空設立のきっかけとなったといえるヴァージン・オーストラリアは、コロナ禍で業績は落としたものの、コロナ禍以降は羽田に乗り入れるようになっている。

LCCも中・長距離運航の時代へ

LCCはB737型機やA320型機などのナローボディ機を使って域内の短距離を飛び回るのがビジネスモデルであるが、次第に中距離、長距離便にもLCCが進出している。格安航空会社そのものは、まずは欧米から発達していったが、この中距離、長距離のLCCはアジアから発達した。

マレーシアのエア・アジアはA320型機を使ってマレーシア、タイ、インドネシア、フィリピンなどの地域を飛んだが、加えてワイドボディのA330型機を導入、中距離便に進出し、エア・アジアXと「X」が付く社名で運航した。エア・アジアとエア・アジアXでは2レターコードも異なり、エア・アジアがAK、エア・アジアXはD7である。

タイに進出したタイ・エアアジアにもタイ・エアアジアX、インドネシアに進出したインドネシア・エアアジアにもインドネシア・エアアジアX（のちに撤退）ができた。日本へもクアラルンプール～羽田、バンコク～成田、デンパサール～成田間などに参入したのである。

韓国では大韓航空系列のLCCであるジンエアーがB777型機を日本、タイ、ハワイなどへ運航、ティーウェイ航空もA330型機を日本、オーストラリア、ヨーロッパへ運航する。シンガポール航空系列のＬＣＣであるスクートもＢ７８７型機を日本、オーストラリアを始め、アテネやベルリンといったヨーロッパへも運航する。

ＬＣＣ運航では出遅れていた日本であるが、この中・長距離を飛ぶＬＣＣでは、早くからその分野に参入した。日本航空系列のＺＩＰ　ＡＩＲ　ＴｏｋｙｏはＢ７８７型機を使って韓国、タイ、シンガポール、そして北米へ運航するようになった。アジアと北米を結ぶＬＣＣという分野ではパイオニア的存在である。

これら中・長距離を飛ぶＬＣＣは、すべてワイドボディ機を使っている。座席の前後間隔は大手航空会社に比べて若干狭いが、搭乗時間が長いのでそう窮屈にもできず、個人モニターの有無などはあるが座り心地は大手航空会社と大差無い印象がある。また、広い機内を使って上級クラスもあり、ＬＣＣでも快適に空の旅という新しい分野を切り開いた感がある。

ＡＮＡ系列のＬＣＣエアージャパンも２０２４（令和６）年からＢ７８７型機を使ってタイ、韓国、シンガポールへの運航を始めている。機体がＢ７８７型機なので、将来さらに長い距離の路線に進出することも可能である。

日本では日本航空、ＡＮＡともに短距離を運航するＬＣＣと中距離以上を運航できるＬ

ＣＣ双方を傘下にすることになり、出遅れていたＬＣＣ事業が充実するようになった。具体的には日本航空系列の短距離のＬＣＣがジェットスター・ジャパンとスプリング・ジャパン、中距離以上がＺＩＰ ＡＩＲ Ｔｏｋｙｏ、ＡＮＡ系列の短距離のＬＣＣがピーチ・アビエーション、中距離以上がエアージャパンとなった。

ZIP AIR Tokyoは日本航空系列のLCC、アジアを始めアメリカやカナダ路線を運航（成田 2023年）

これらワイドボディ機を使ったＬＣＣではそれまでとは異なり、貨物輸送にも力を入れている。ワイドボディ機は床下の貨物スペースが広いので、それを活用しない策は無い。ＺＩＰ ＡＩＲ Ｔｏｋｙｏは２０２０（令和２）年に成田〜ソウル便で運航開始、ちょうど世界はコロナ禍だったため、乗客は数えるほどだったが、貨物輸送の役割があったために運航に漕ぎ付くことができたほどである。

また、機材の面でも長い距離を運航するＬＣＣを後押しするような機種が誕生する。ＬＣＣというとエアバスではＡ３２０型機ファミリーが多く使われているが、この機材では東京から遠くても台湾、香港、フィリピン程度までの航続距離しかない。ＬＣＣでは座席間隔を狭くして定員を多くしているので、本来の機体性能以上に航続距離は短くなってしまい、距離の長い路線へ進出するのが難しい。

そこで、エアバスが開発したのがＡ３２Ｘ１ＬＲである。Ａ３２０ファミリーの中でもっとも機体が長く定員が多いＡ３２１型機の航続距離を伸ばした機体で、ＸＬＲとはXtra Long Rangeの頭文字を表している。この機体は最大約11時間飛ぶことができるので、定員の多いＬＣＣだとしても、日本からタイ、シンガポール、オーストラリア北部、インド辺りまでをナローボディ機で飛ぶことができる。ナローボディ機ゆえにキャビンクルーの数なども あまり多く必要としない。こういった機体が普及することにより、ＬＣＣの活躍範囲は広くなりそうである。

ＲＪ機の普及で次の時代の航空地図へ

ＬＣＣとは別に大手航空会社には属さない新しいポジションの航空会社も増えているが、これは世界で飛んでいる航空機の進化と深くかかわっている。小型ジェット機「ＲＪ

機」の存在である。

世界の旅客機は長らくアメリカがリードしていて、かつてアメリカにはボーイング、ダグラス、ロッキードという旅客機メーカーがあった。いっぽう、ヨーロッパでもイギリスやフランスに旅客機メーカーが多くあったが、両国が共同開発した超音速旅客機コンコルドが燃費の悪さや騒音の大きさなどから失敗に終わり、ヨーロッパ勢は意気消沈、アメリカ勢が世界を制していた。ところがヨーロッパは各国が協力して立ち上げたエアバスが低燃費、操縦性の統一などで次第に力をつけ、世界の空でエアバスが飛ぶようになる。

いっぽうのアメリカ勢はまずはロッキードが旅客機部門から撤退し軍事に専念、ダグラスはマクダネル・ダグラスを経てボーイングに統合となる。こうして世界の旅客機需要はボーイングとエアバスがシェアを二分するようになる。このほかにプロペラ機の分野は別のメーカーであったが、少なくともジェット機はボーイングかエアバスかの二択であった。

しかし、ボーイングもエアバスも、最小でも100席以上の機体しか開発しておらず、ジェット便を飛ばす以上は一便当たり100人以上の需要が必要であった。プロペラ機は100席以下の機体となるが、航続距離が短く、スピードも遅いので国内線でも遠方へは飛べず、時間短縮効果も少ない。プロペラ機の利点は短い滑走路などでも発着できることなので、需要は離島便などに限られていた。

ところが、自家用ジェット機の技術を民間機に転用するという方法で、小型ジェット機の開発が進み、50席程度の民間機がカナダのカナディアというメーカーによって実現する。これに続くようにブラジルのエンブラエルでも小型ジェット機を開発。カナディアはボンバルディア社に買収されるが、こうしてカナダとブラジルが100席以下の小型ジェット機の2大メーカー国となるのである。この分野の機体がRJ機（Regional Jet）と呼ばれ、日本でも活躍することになる。

日本で初めてRJ機を運航したのはIBEXエアラインズ（現在はほぼANAの運航会社）の前身になるフェアリンクで、カナダのボンバルディア機材を運航、その後は日本航空のローカル便運航会社であるジェイエアがブラジルのエンブラエル機材を運航する。

RJ機は当初、機体断面が真円のものしか無く客室が窮屈だったが、ボンバルディア機、エンブラエル機ともに機体断面が玉子型のものが採用されてからは乗り心地が改善された。そしてボンバルディア機の玉子型断面の機体であったCシリーズはエアバスが買収してエアバス機のラインナップに編入されたのである。

このように進化したＲＪ機を使って、日本でも新しい航空会社が誕生した。それがフジドリームエアラインズである。この航空会社は２００９（平成21）年に静岡空港が開港すると同時に、静岡を拠点に運航を始めた。定員70席のエンブラエル機を使って静岡〜熊本、鹿児島間などを運航する。需要は少ないが距離が長いので、プロペラ機では時間がかかり、それまでの１００席以上の機体を飛ばすほどの需要は無いのでＲＪ機の普及で運航が可能となった路線だ。しかし、70人程度を運ぶのに、２人のパイロットや客室乗務員が必要なので、ＬＣＣのような低運賃とはならない。大手でもＬＣＣでもない新しい航空ビジネスである。

ローカル路線ではボーイングでもエアバスでもない小型のRJ機が重宝されている（新潟 2017年）

静岡空港拠点では利用者に限りがあるように思われたが、その後は意外な展開を見せる。２００５（平成17）年に中部国際空港が開港、国としてはそれまでの名古屋空港（小牧空港）は、自衛隊の基地があるものの民間機の発着はすべて中部国際空港へ移行するつもりであった。当初日本航空のローカル便（ジェイエアが運航）のみ残っていたが、日本航空が撤退し、このまま名古屋空港は民間空港としては姿を消すかに思われたが、フジドリームエアラインズが静岡に加えて名古屋空港を新たな拠点とすることになったのである。こうして中部国際空港開港以降も名古屋空港は民間機発着空港として存続となる。

フジドリームエアラインズは首都圏の空港には発着していないものの、名古屋空港から滑走路が１５００メートルしか無い札幌の丘珠空港へ飛ばすなど、新たな路線開拓を行なっている。それまで丘珠空港へはジェット便は発着していなかった。

こうして名古屋空港は存続されたが、いっぽうで広島では１９９３（平成５）年に現在の広島空港が開港、従来の市街地にあった広島空港は広島西飛行場としてジェイエアが拠点として存続するのだが、２０１０（平成22）年に定期便が無くなり、その後は空港ではなくヘリポートとなった。名古屋圏ではふたつの空港が機能できたものの、広島ではふたつの空港は機能できなかったことになるが、ＲＪ機の普及時期や、ＲＪ機をうまく機能させる企業があったかどうかでも結果は違っていたような気がする。

余談だが、ジェイエアはそもそも広島に所縁があった。広島〜松山〜大分〜広島間の三角形のルートを飛んだ西瀬戸エアリンクというプロペラ機運航の航空会社がルーツである。低迷していたこの航空会社を救ったのが日本航空のパイロット養成を行なっていたＪＡＬフライトアカデミーで、それがジェイエアになったのである。

さらに２０２４（令和６）年には新たな航空会社、新潟拠点のトキエアが誕生し、ＡＴＲ（フランスとイタリア共同の航空機メーカー名）というプロペラ機を使って新潟から札幌や仙台への定期便を就航させた。ＡＴＲ機はＲＪ機よりさらに運航経費が低廉な機体で、新たな航空ビジネスが登場したといえるだろう。

第5章

〝中東御三家〟台頭と航空の新たな時代

航空会社の再編劇はアメリカから始まって全世界に波及、人気の、あるいは堅実経営だった航空会社すら表舞台から姿を消すこととなるが、いっぽうで自国の地の利を活かした運航方法で全世界を結ぶ路線網へと成長を遂げた航空会社が台頭する。それが中東系のアラブ首長国連邦やカタールの航空会社で、日本へも有名どころ3社が乗り入れ、海外との太いパイプとなっている。その国が目的地ではなくても、乗り継ぎのための空港を整備し、就航地を多くすることで大きな需要を生むことを証明した形で、これらの国の航空会社に続こうとする航空会社も増えてきているのである。

需要が無い区間でも運航方法次第では大きな需要が発生する

２０００年代以前、世界の国際線は各国間の需要によって便数が変化し、関係する各国の航空会社が便を飛ばすという、至極当たり前の状況であった。日本発着の国際線などは、世界でももっともそのセオリー通りにルールが構成されていた国である。日本と海外との間の便数などは二国間航空協定で定められ「両国間の往来需要が増えたため、両国の航空会社に対し、週7便を認可しよう」などというもので、その7便の需要は不平等にならないよう機体のサイズまで決められていた。

KLMオランダ航空の拠点はターミナルが集約され乗り継ぎに便利である（アムステルダム 2012年）

しかし、世界の航空事情はこういった便数の取り決めには合致しない運航システムの航空会社が増えていき、両国間の往来需要とは違った運航方法が増えていく。近年席巻している中東の航空会社などが、その代表的な例だ。これは、世界でもっとも国際線需要の高いヨーロッパとアジアやオセアニアの中間に位置しているという地の利を活かし、就航地を多くし、中東乗り継ぎでさまざまな都市間をスムーズに移動できるネットワークを築いている航空会社のことである。１９８０年代、航空戦国時代を切り抜けるためにアメリカで生まれたハブ＆スポークの運航方法の考え方を、全世界に拡大したようなものである。「就航地が多い」「乗り継ぎが便利」「毎日同時刻に運航」といった航空会社の利便性が高く、「毎日同時刻に運航」というのは、ツアーを組む旅行会社には重要な要素だ。

アメリカ系航空会社は東京～ロサンゼルス、東京～ニューヨークといった需要の多い区間より、むしろ東京〜ダラス、東京〜デトロイト間などの運航に力を入れた。ダラスやデトロイトへの需要が多いのではなく、ともに大手航空会社の拠点空港なので、全米への乗り継ぎ便があり、多くの都市行きで利便性が向上する。

同様に、ヨーロッパ行きでも東京〜ロンドン、東京〜パリといった需要の多い区間だけでなく、アムステルダム行きやヘルシンキ行きの需要が高かった。オランダやフィンランドへの需要が高かったのではなく、アムステルダムやヘルシンキを乗り継ぎ地にしてヨーロッパ各国へスムーズに移動できるからである。

ロンドンやパリを乗り継ぎ地にすれば「大きな需要＋乗り継ぎ需要」でより効果が大きいように感じるが、空港の規模が大きくなると乗り継ぎ時間などは長くなる傾向がある。特定の航空会社をひとつのターミナルへ集中させて乗り継ぎをよくする方法もあるが、そうすると他社便への乗り継ぎが不便になるほか、航空会社の連合化でコードシェア便が増え、どうしても便数が多い空港ほど乗り継ぎには時間を要する。

その点、アムステルダムではKLMオランダ航空便、ヘルシンキではフィンランド航空便の比率が高く、乗り継ぎがスムーズになる傾向にあった。日本からのヨーロッパ行きのツアーで考えてみても、中東系航空会社、KLMオランダ航空、フィンランド航空などを利用するものは多いが、かといってツアーの行先が中東でもなければオランダやフィンランドでもない場合がほとんどだ。

いっぽう直行便は、直行する都市相互間は便利であるが、便利なのはその両都市間に限られてしまうことが多く、よほど需要の高い都市への便でない限りは、乗り継ぎの利便性を重視したほうが多くの利用者を得られる。各航空会社の拠点空港は、必ずしも大都市とは限らず、一見、需要がなさそうな区間でも、乗り継ぎの利便性を高めれば大きな需要が生まれる。

こうした運航方法を全世界へと応用して台頭したのが、〝中東御三家〟と呼ばれる航空会社である。

A380型機を100機以上運航したエミレーツ航空

中東系航空会社でもっとも早くから自国の拠点空港を乗り継ぎ空港として全世界にネットワークを広げたのが、アラブ首長国連邦のドバイを拠点にするエミレーツ航空である。

アラブ首長国連邦は7つの首長国から成るが、そのうちのドバイ首長国の航空会社がエミレーツ航空だ。発足時は、おもにドバイへやってくる出稼ぎ需要のための航空会社で、中東各国やインドへ運航していた。その頃のアラブ首長国連邦は現在と違って観光需要はほとんど無く、観光ビザは滞在するホテルを保証人にしなければならないなど、観光目的の入国が面倒であった。

アラブ首長国連邦は世界屈指の産油国で、人口の9割が外国人労働者から成り、経済は潤っていたが、石油はいずれ枯渇するという危機感から、一転して観光立国としての道を歩み始め、ドバイを拠点にするエミレーツ航空は全世界にネットワークを広げた。現在は常に旅客輸送実績が世界のベスト10に入る航空会社であるが、それほどにドバイを訪れる観光客が増えたのではなく、航空旅客がドバイを中継地にアジア、オセアニアからヨーロッパ、アフリカへと移動しているからである。

便数が多く、日本から直行便の無い地域へも多くの便が飛んでいるため、ツアーなども「毎日出発」とすることができる。たとえばハンガリー、チェコ、ギリシャ、アイルランド、スペイン、ポルトガルなどへは、日本からの直行便が無いが、これら地域へのツアーは多くが中東経由になっている。エジプトなど、日本から直行便はあるものの、毎日運航ではない地域も多い。ところがエミレーツ航空を利用すれば、毎日運航である。日本から南米へのルートも、アメリカ乗り継ぎはアメリカへいったん入国する必要があり不便であることを記したが、現在は中東経由というのが一般的になっている。

　輸送力も大きい。エアバス最大の機体となった総２階建てＡ３８０型機は、エミレーツ航空のためにあったといってもいいほどで、生産された２５１機のうち、１１９機がエミレーツ航空で運航された。新機種を発注する数も半端ではなく、２０２３年にはＢ７７７型機の新型を90機という単位で発注している。旅客機メーカー側も、常に中東の航空会社の動向を見極めながら新機種の開発に取り組んでいるのが現状である。保有するすべてがワイドボディ機なので輸送力が大きく、全路線が国際線である。日本発でいえば成田発22時30分、羽田発０時５分、関西発23時30分、韓国や中国などのアジア地域からも同じような時間帯に飛び、ドバイへは同時刻に到着、旅客はそれぞれの乗り継ぎ便へ移動し、同時刻にドバイを出発する。このような運航形態なので、定時運航率も高い。というか、定時運航率を高くしないと同社のようなビジネスモデルは成り立たないのである。

　同社の日本便は東京、大阪あわせて一日３便だが、需要の高い区間での便数はかなり多い。一日にドバイからロンドン・ヒースロー空港へＡ３８０型機が５便、ロンドン・ガトウィック空港へＡ３８０型機が３便、ロンドン・スタンステッド空港へＢ７７７型機が２便、ドバイからバンコクへはＡ３８０型機が４便、Ｂ７７７型機が１便運航している。かなり大きな輸送力で、他社はなかなか太刀打ちできない。

ドバイからロンドンへは3空港への便を合計すると一日10便、しかも大きな機体で飛んでいる。ドバイ~ロンドン間のどこにそんな需要があるかとも思われるが、日本、韓国、中国、台湾、香港、東南アジア、オセアニア、インド・西アジアなどから集めた客が利用している。ロンドンに限らず、あらゆる国から国への移動が、ドバイを中継地に行き来していることになる。

海外を旅行している時、宿などで旅行者のスーツケースに付いているタグがよく目に入るが、そのタグが「DXB」と書かれていることが多い。DXBとはドバイの3レターコードで、その荷物はドバイを経由したことを意味していて、いかにエミレーツ航空利用者が多いかを物語っている。ちなみに、エミレーツ航空は「スターアライアンス」を始めとした世界的な航空連合へは加盟していない。その存在が強すぎて、エミレーツ航空がもし航空連合に参加してしまうと、その連合の一人勝ちになってしまうというのが本当のところであろう。

アラブ首長国連邦では、こういった航空輸送を国の産業と位置付けて力を入れており、サービスの質も高く評価されているが、航空運賃は低くめに抑えられている。産油国ゆえに、燃料費で有利なのである。

筆者は、かつてドバイが観光立国としての道を歩む以前、１９９０年代にドバイを旅したことがあるが、当時は現在と違って入国が大変であった。ビザ取得にあたり、まずはドバイのホテルを予約し、そのホテルに滞在中の保証人になってもらってビザを取得したのである。保証人になってもらえるホテルはドバイに３軒しか無く、いずれも高級ホテルばかりであった。ドバイに到着すると、頼んでもいないのにホテルからの出迎えがあり、滞在中はパスポートを預かられ、私はそのコピーを持ってドバイを観光したのである。ドバイに観光客はおらず、空港の入国手続きブースも１００パーセントといっていいほどが出稼ぎ労働者であった。

ドバイの空港に並んだエミレーツ航空機（ドバイ2007年）

その後、観光客を受け入れるようになってからのドバイも訪ねたが、入国審査などもごくごく簡単なものになり、観光客の多さに驚いた。それは「隔世の感」

などというものではなく、まったく違う国に生まれ変わったと感じたほどである。その時はホテルを予約せず、空港の案内所で格安のホテルを斡旋してもらった。気軽に訪ねられる国になったのである。

エミレーツ航空に続いたのが、人気エアラインのカタール航空

エミレーツ航空に続けとばかり、大量の機材を世界各国に就航させ、自社の拠点で乗り継いで世界各国を結ぶ航空会社となったのがカタール航空である。

カタールはアラブ首長国連邦のすぐ近くの国で、エミレーツ航空の拠点ドバイとカタール航空の拠点であるカタールの首都ドーハとの間は、直線距離で300キロ程度、日本から見ればほぼ同じ地域である。成田と関西へ乗り入れていて、エミレーツ航空よりさらに利用者における乗り継ぎ客の割合が高い。

エミレーツ航空の場合、拠点にするドバイが現在は観光地としても人気になっているので、ドバイへの渡航客も増えているが、カタール航空が拠点にするドーハは、2022年にFIFAワールドカップサッカー大会が開催されたものの、観光客はまだまだ少ない。利用者のほとんどはドーハでは乗り継ぎのみで、ヨーロッパなどへ向かうのである。

同社は人気エアラインでもあり、イギリスの航空関連格付け会社のスカイトラックス社が行なう人気ランキングでも常に上位で、２０２３年はシンガポール航空に次いで2位に輝き、エミレーツ航空（4位）より評価が高く、〝空飛ぶ五つ星〟などと言われることもある。このエアラインの人気ランキングは、シンガポール航空が1位、3位は日本のＡＮＡがランクインするなど、上位の航空会社は、その国自体が人気であるケースが多い傾向があるが、カタール航空は、カタールへ向かうのは出稼ぎ労働者が中心で、利用者の多くは乗り継ぎ目的でドーハへ向かっている。つまり、純粋に航空会社だけの人気で上位にランクインされているという、珍しい航空会社なのである。

拠点にするドーハ国際空港は、利用者の多くがドーハを起終点にするのではなく、乗り継ぎ客がほとんどということを前提にした設計で、機体を降りるとすぐに次の便に乗り換えできる構造になっているほか、乗り継ぎ便までに時間がある場合でもリラックスできる設備が整っている。

エミレーツ航空が航空連合に参加していないのに対し、カタール航空は「ワン・ワールド」に参加している。以前はドーハから羽田へも運航していたが、２０２４年に羽田からは撤退、代わって同じ「ワン・ワールド」メンバーである日本航空が羽田〜ドーハ便を運航し、カタール航空との共同運航となっている。

前述のように、日本からの国際線は、かつては両国間の往来需要が多くなった区間に双方の航空会社が飛ぶスタイルだっただけに、日本航空のカタール便は時代の移り変わりを感じる。日本からカタールへの渡航需要が伸びたのではなく、同じ連合に参加するカタール航空に接続させるために、日本航空がドーハへ飛んでいるわけで、以前では考えられない役割の便となった。

カタール航空は、人気の観光地や金融・経済の中心地などでなくても、立派な空港を建設、質の高い航空便を多く飛ばし、乗り継ぎをスムーズにすれば航空ビジネスが成り立つということを証明した。

ドーハを拠点に世界を結ぶカタール航空は一躍人気エアラインへ（ドーハ 2014年）

エミレーツ、カタールにエティハドを加えた〝御三家〟

エティハド航空は成田と関西へ乗り入れるが、エミレーツ航空、カタール航空同様に、拠点にするアブダビはほぼほぼ乗り継ぎのための空港と言っていいだろう。アブダビはエミレーツ航空の拠点ドバイとは１００キロも離れていないが、ドバイのような観光地化はされていない。同じアラブ首長国連邦なのでエミレーツ航空とエティハド航空は日本航空とＡＮＡのような関係に思われるが、実際は別の国の航空会社だ。「首長国連邦」なので、ドバイとアブダビは別の国と言ってよく、様々な７つの国が連邦を成しているのである。

エティハド航空はエミレーツ航空やカタール航空ほどの知名度はまだ日本ではないが、ツアーなどでの利用度が増しているので「いつのまにか利用している」という存在かも知れない。コロナ以前は成田便と北京経由の中部便だったが、コロナ禍以降は中部便を関西にシフトして直行化したような形である。拠点にするアブダビの空港も２０２３年に新ターミナルが完成し、それまで手狭であった乗り継ぎ客スペースが改善された。

こうして、中東湾岸のほぼ同じ地域にエミレーツ航空、カタール航空、エティハド航空３社の拠点があり、世界中を結んでいる。近年では日本から南米行きなども中東経由が一般的となり、東京〜ニューヨークなどの北米行き航空券を検索しても、中東経由がヒットするに至っている。

これら3社が〝中東御三家〟と言われ、人気を集めている。サービスに定評があり、機内食なども充実しているが、一般に航空運賃は安めの設定になっているのも魅力だ。航空券検索サイトで行先をヨーロッパなどにし、運賃の安い順に並べると、もっとも安いのはアジアとヨーロッパのLCCを乗り継ぐルートや、中国系の航空会社が上位を占めるが、その次に出てくるのが〝中東御三家〟というケースが多い。乗り継ぎが1回で、所要時間も直行便よりは長くなるが、何といっても就航地が多く、サービスがしっかりしているので安定的な強さを感じる。

ヨーロッパ系航空会社やアジア系航空会社でも、その価格には対抗できていないという感じで、〝中東御三家〟は需要の高いヨーロッパ〜アジア、オセアニア路線で大きなシェアを得ている。今やアジアやヨーロッパの主要航空会社は、打倒「中東御三家エアライン」の姿勢が鮮明で、いかにして中東経由に多くの利用者を奪われないような態勢づくりにするかで奔走している。しかし、近年、ロシアのウクライナ侵攻によって日本など東アジア便がロシア上空を飛べなくなり、所要時間が長くなっているため、直行便の優位性が薄くなっているのが悩みの種になっている。

新機材導入でも、これら3社の機材導入力は他社から抜きんでた存在である。ボーイング、エアバスの新機材を、それもワイドボディ機を何十機といった単位で発注し、それらの機材で多くの客を輸送し、その利益でさらに設備投資を進めている。3社ともエアバスの総2階建てA380型機を運航するほか、3社ともボーイング、エアバスの新機材オンパレードといったところで、その数も他社では真似できない数字だ。それらの数を運航するための乗員の数も多いわけで、日本を含む世界各国で、運航乗務員や客室乗務員などの職業に就きたい人たちにとっての憧れ的存在にもなっている。

深夜のアブダビに並ぶエティハド航空機（アブダビ 2022年）

〝中東御三家〟のエミレーツ航空、カタール航空、エティハド航空は、それぞれドバイ、ドーハ、アブダビを拠点にするが、これらの都市は、20年位前までは観光で訪れるような都市ではなく、「ベールに包まれた国」と扱われていただけに、現在の姿はまさに「大変身」である。

かつて、世界の空を飛んでいた旅客機は、現在のように長い航続性能を有しておらず、東南アジアからヨーロッパへ飛ぶにも、途中どこかで給油の必要があった。たとえば1982年の時刻表を手繰ると、日本航空の南廻りヨーロッパ便は、成田〜バンコク〜デリー〜アブダビ〜ローマなどと飛んでいて、アブダビの寄港目的は給油であった。

ドバイやドーハも同じで、東南アジアや西アジア地域からは出稼ぎ需要も高かったが、多くのヨーロッパ系航空会社にとっては給油地という位置付けであった。筆者も何度かこれらの地に寄港する便を利用したが、深夜に砂漠の中にある空港へ着陸、煌々とオレンジ色の灯りがともる中東の空港には、経由地として寄港するヨーロッパ系航空会社が並んでいて、「深夜に賑わう空港」という印象だった。その頃、現在のような「航空地図の中心」とも言える中東の姿は、全く想像できなかったものだ。

中東御三家エアラインを追いかけるターキッシュとエチオピア

エミレーツ航空、カタール航空、エティハド航空の成功は、少なからず周辺国に影響を与えている。「それなら我が国でも人気航空会社を育ててビジネスとして成功したい」という国が増えてているからだ。

日本へも乗り入れている航空会社としては、トルコ最大の都市イスタンブールを拠点にするターキッシュエアラインズ、そして首都アジスアベバを拠点にするエチオピア航空が、〝中東御三家〟を追いかける存在となっている。

世界のもっとも多くの都市へ就航する航空会社になったターキッシュエアラインズ（イスタンブール 2013年）

ターキッシュエアラインズはイスタンブールを拠点にし、世界を結ぶ航空会社として、エミレーツ航空などとともに、第三国間を結ぶ役割を大きくしている。２０１８年には拠点にするイスタンブールの空港が新空港へ移行となった。〝中東御三家〟と異なるのは、国土が広く、国内線も多く飛んでいるので「世界でもっとも就航地の多い航空会社」となっていることである。国際線も多く、積極的な外交を行なっているので、日本でも成田、羽田、関西へ就航し、中東、アフリカ各国、それに旧ソ連からの独立国など、きめ細かなネットワークがある。

もうひとつの特徴は、拠点にするイスタンブールは人気観光地である点だ。通過客だけでなく、そもそもこの空港へ降り立つ旅客は多く、観光客輸送と通過客輸送の両輪で利用者を増やしている。

ターキッシュエアラインズは1989（昭和64・平成元）年に日本就航を果たしたが（当時の公称はトルコ航空）、就航当時は成田への週2便しか無く、その週2便はともに平日であった。滑走路が1本で、週末は発着枠がなかったのである。その当時の機材はA310で、成田〜バンコク〜ドバイ〜イスタンブールというルートであった。

2002（平成14）年に成田空港のB滑走路が供用を始めたことなどから増便となり、その頃の機材はA340型機へ、経由地もモスクワに改められるが、当時は日本からトルコ観光へ行くための便であった。運航時間帯も昼間に飛んで現地に夜到着するため「出発当日着」「時差ボケなし」といったことがセールスポイントだった。しかし、現在の同社の日本便は成田からの便のみ昼間の便で、便数の多い羽田と関西からは深夜便となり、翌早朝にイスタンブール到着、そこからほかの各国へ乗り継げる運航態勢になり、イスタンブールを介して世界をつなぐエアラインとなっている。

もうひとつ、エチオピア航空はアフリカでもっとも歴史ある航空会社である。アフリカ各国はかつてフランス、イギリス、ポルトガルなど、ヨーロッパの支配を受けていた国がほとんどなのに対し、エチオピアは他国の支配を受けなかった希少な国である。

同社の日本就航は２０１５（平成27）年。国営であり、この頃から機材を増やし、就航地を増やしていった。アフリカ各国の航空会社の路線は、どうしても旧宗主国との間の便が中心になってしまうが、前述の通りエチオピアには旧宗主国はなく、その分、どこの国へも障害無く乗り入れができたので、アフリカの航空会社では最大のネットワークを有するようになった。

日本便も香港経由を経てソウル経由となり、香港便はバンコク経由となった。ソウル経由成田行きも堅調なのか、コロナ禍の時期は減便、そして運休となったが、現在は週６便にまで回復していて、毎日運航まであと一歩というところである。日本乗り入れ、また日本乗り入れ経験のあるアフリカの航空会社としては、エジプト航空と南アフリカ航空があるが、現在はこれら２社を押さえてエチオピア航空がアフリカ最大の航空会社である。

日本とエチオピアの間が週に６便飛ぶほどの需要があるとは考えられず、乗客は乗り継ぎ需要によって構成されている。現在のところ日本便は韓国の需要と日本の需要をまとめて飛んでいるが、アフリカ進出が著しい中国へは北京、上海、広州と３都市へ直行している。

なお、エチオピア航空を日本から利用した場合、ヨーロッパへは遠回りとなるほか、乗り継ぎの関係で所要時間が長くなってしまい、便利なルートにはなっていないが、アフリカ各国行きの便が充実しているほか、南米行きも注目されている。

サウジも参戦予定

中東の航空会社が比較的短期間で世界を結ぶ航空会社に成長できた理由として、産油国であることとの資金力や燃料費での優位性があるが、何といっても地理的な利点、ヨーロッパとアジアやオセアニアを結ぶ中間地点にあるという点は見逃せない。

需要のある都市間すべてを超長距離の直行便で結ぶのは無理である。そこで、中東地域を経由地にして西と東に多くの便を、成田から、関西から、香港から、シドニーからと便を飛ばし、その先、エジプトへ、ハンガリーへ、スペインへ、ノルウェーへと乗り継げるのは、世界的な視点で見ると便利なネットワークである。また、国際線ではその国の政策がこのような運航に合致していることも必要で、そういう意味では、いったん入国して荷物を受け取り、再び搭乗手続きとなるなど、その国の入国条件を満たしていなければならないアメリカは中継地には向かない。

その点、中東、およびその周辺地域は、そもそも「旅客を通過させる」政策で航空事業に乗り出したので、世界を結ぶ航空会社の拠点としては向いていたのである。

そんな中東地域では、エミレーツ航空やカタール航空に学べと、航空事業に力を入れる動きが活発になっている。具体的にはクウェート航空、バーレーンを拠点にするガルフ航空、マスカットを拠点にするオマーン航空などである。これら航空会社は日本へは乗り入れていないが、航空券検索サイトで起点をバンコクなどにし、目的地をヨーロッパなどにすると、これら航空会社の乗り継ぎが多く検索されるようになっている。それどころか、起点を日本にしても、日本～バンコク間はＬＣＣを利用し、そこから先はこれら日本未就航の中東系航空会社を利用してヨーロッパなどに至るルートも表示されるようになった。

そして、今、もっとも注目されているのがサウジアラビアの存在である。従来、サウジアラビアは観光などで訪れることができない国で、長らくベールに包まれた国であった。とくにメッカなどは現在でもイスラム教徒以外の訪問ができない都市になっている。ところが、現在の皇太子が進める改革によって観光でこの国を訪れることが可能になり、一転して観光開発に力が注がれ、日本人観光客も増えている。

航空業界として注目なのは、サウジアラビアの航空会社が、エミレーツ航空やカタール航空同様に、サウジアラビアを中継地にして第三国間輸送を始めていることである。メッカに近いジェッダを拠点にする国営航空会社のサウディアは、日本へは乗り入れていないが、日本に近い国では韓国へ乗り入れており、すでに仁川～ジェッダ～ヨーロッパ間などの航空券を販売している。

日本～サウジアラビア間の航空協定は、従来は日本側の就航地が関西と中部であったが、2023（令和5）年には成田も加わっているので、成田～ジェッダ間の運航は可能になっている。

さらに、新航空会社設立も発表された。首都リヤドを拠点にする、やはり国営のリヤド・エアが設立され、すでに2023年にはB787型機を39機も確定発注し、機体デザインも発表されている。運航開始は2025年を予定している。

サウジアラビアが今後観光に力を入れていくという理由もさることながら、リヤドを拠点に第三国間輸送を行

アジア各国へ乗り入れるサウディアだが、日本乗り入れの可能性も高い（バンコク・スワンプーム 2023年）

なうことは確実で、アジア～リヤド～ヨーロッパ間などでエミレーツ航空やカタール航空と競うことになるのであろう。サウジアラビアは世界でも最大の産油国であることから、この国が航空事業に力を注げば、その存在は世界を席巻することは明らかで、今後の推移が注目されている。

第6章

航空会社再編によって航空旅行の常識も激変

世界の航空会社はアメリカに端を発した自由化の流れから、連合を組み、強い航空会社だけが残り、そこに価格破壊を武器にした格安航空会社、さらにLCCが参入、地域の航空会社が気軽な交通機関になることから高速バスまでが空との競争に敗れていく。長距離国際線では就航地の数と乗り継ぎのよさで中東の航空会社が際立ってくる。すると、そんな時代、利用者サイドから見た航空会社選びはおのずと以前とは違ってくる。本章では航空会社再編を経た現在の利用方法などを、筆者の経験則を添えながら探ってみよう。

航空券購入はネット経由、選択肢は多くが海外の旅行会社

インターネットが発達する以前、日本人旅行者が利用する航空会社は限られていて、日本乗り入れ航空会社、そして日本へ乗り入れていないものの、日本に事務所や代理店を構えている航空会社であった。後者は〝オフライン〟などと呼ばれた。また、日本へ乗り入れていないものの、日本乗り入れ航空会社とインターライン契約のある航空会社も利用された。インターライン契約とは、利用者が支払った運賃を日本乗り入れ航空会社経由で決済するシステムである。つまり、インターネット発達以前は、海外のローカルな航空会社を利用しようとしても、運賃の支払い手段がなかったのである。

また、航空券自体も変わった。かつては団体割引料金の航空券をバラ売りした「格安航空券」が主流。団体割引ゆえに往復同一航空会社が基本、その往復は同ルートというものがほとんどで購入は旅行会社だった。しかし、インターネットが発達してからは、航空各社はネット予約、クレジットカード決済になったので、どんなローカルな航空会社でも個人での予約が可能になった。その結果、現在の航空券検索では、日本人に馴染みがあるかなどとは無関係にさまざまなルートが検索結果として表示される。

航空会社の再編などによって、格安移動手段の定番航空会社もかなり変わった。アジア行きではかつて朝便の値段が高く、夕方便が安く売られていたが、以遠権で運航する夕方発のアメリカ系航空会社が姿を消し、ＬＣＣが多く飛ぶようになってからは、時間帯ではなくＬＣＣを利用することで気軽に飛べるようになった。北米行きでは、アジア諸国から日本を経由してアメリカ西海岸などへ飛ぶ航空会社が安かったが、現在はアジア系航空会社が減り、代わって日系のＬＣＣを利用するのが格安ルートになっている。

大きく変わったのがヨーロッパ方面行きである。かつては就航地や便数は少ないものの大韓航空がリーズナブル、就航地が多く日本とヨーロッパを最短で結んだのが旧ソ連時代のアエロフロート・ソ連航空、時間に余裕のあるバックパッカーなどはパキスタン国際航空やマレーシア航空などでヨーロッパを目指したのである。しかし、現在の大韓航空は自国民の需要でヨーロッパ便の席が埋まり、言うまでもなくソ連崩壊でアエロフロート・ロシア航空の就航地は減り、現在はウクライナ侵攻で日本へ乗り入れなくなった。パキスタン国際航空もヨーロッパ行きの手段ではなくなっているほか、コロナ禍以降日本へ乗り入れていない。

現在のヨーロッパ行きは中東系3社が就航地や価格からリーズナブルで、さらに将来はイタリアやスペイン旅行がサウジアラビア乗り継ぎなどという時代がやってきそうだ。価格だけでいえば中国の航空会社や、時間がかかってもよければＬＣＣを乗り継ぐルートなどもある。いっぽうで現在、直行便がロシア上空を避けての運航になっているので、直行便の優位性が薄らいでしまってもいるのである。

航空券検索サイトは、そのサイト自体は利用者と旅行会社や航空会社を仲介するもので、そのサイトで航空券を購入するのではない。目的地や日付を入力すると、ルートや航空会社が安い順などに羅列される。そしてそのひとつのルートを選ぶと、Ａ旅行会社の価格、Ｂ旅行会社の価格、航空会社直接の価格などと表示され、Ａ旅行会社を選択するとその旅行会社のサイトへ移動する。航空券検索サイトに出てくる旅行会社の多くは海外のインターネット専門の、店舗を持たない旅行会社である。国際線航空券市場では日本の旅行会社の存在感は薄く、海外の旅行会社を避けてしまうと選択肢がかなり狭まってしまう。

予約から支払いまですべてインターネットで完了し、航空券はメール添付で送られてくるので、外国語で対応しなければならない場面は、トラブルが無い限り無い。航空券検索サイトで、日本の国内線を探しても、販売しているのは海外の旅行会社だったりするので、海外の旅行会社を避けての航空券探しは実質的には無理であろう。

航空券検索サイトで航空券を検索、安い順に並べると、さまざまなルートが網羅される

表示されるのは、燃油サーチャージや空港使用料などすべての総額で、日本円で1円単位の表示となるが、元の運賃はドルだったりユーロだったりするものを、その日の為替相場で円に換算して表示しているだけなので、同じ航空券でも今日と明日では価格が異なることなどはしばしばある。

航空券検索サイトで表示されたルートをクリックすると、提供している旅行会社と価格が表示される

ちなみに、インターネットを見ていると、航空会社の広告を見ることがある。「ヨーロッパ往復9万円～」などというものだ。しかし、航空会社の広告は、多くの場合は、その数字は運賃部分のみで、実際に予約してみると燃油サーチャージや空港使用料などを含めてその倍以上の金額になることが多い。広告に惑わされることなく、「総額」と表示があるかどうかが大切である。

自分に最適なルートに〝たどり着く〟方法

航空券を探すとき、目的地へ直行できるルートがあるとは限らず、乗り継ぎになることが多い。航空会社再編で、直行便が増えた地域もあるが、日本発は利用者の低迷などから直行便が減っている地域もあり、乗り継ぎ便を利用せざるを得ない場合も多い。さらに、直行便があったとしても、乗り継ぎ便を利用することで価格がずっと安くなる場合も多い。乗り継ぎ便を上手に使いこなすことが航空旅行をスムーズにするために必須となる。

航空券の検索結果には、一見しただけではどこが違うのか分からないほど多くのルートが出てくる。しかも、ひとつのルートを選ぶと、そのルートを販売している旅行会社や航空会社が出てくる仕組みなので、提示されるルートは、項目ごとに異なるものばかりである。同じ航空会社のルートでも時間帯、乗り継ぎ便の時間が異なっていたり、発着空港が異なっていたり、そして、さまざまな航空会社の組み合わせがあるので、無数のルートが検索対象となり、台北、バンコク、ロンドンなどのメジャーな行先を選択すると、約1000通りもの航空券が提示される。その多くは乗り継ぎによるルートである。

ひょっとしたら日程を微妙に変更するだけでもっと条件のいい航空券が見つかるかもしれない。国際線には「週3便」などの路線は数多くあるし、毎日飛んでいたとしても、たまたま選択した日程の日が満席ということだって考えられる。仮にロンドン行きだとすると、安い順に並べると10万円台前半から始まって、もっとも高額なものでは60万円ほどになる。

直行便のみ、または乗り継ぎ1回、航空会社の指定など、そういった絞り込み機能もうまく利用したい。「乗り継ぎ2回」といってもさまざまで、東京〜バンコク間なら成田からLCCを福岡、ベトナムで乗り継ぐならさほど面倒ではないが、乗り継ぎ1回ながら、上海経由の1泊乗り継ぎなら中国ビザが必要なほか、ホテル代も別途必要になる。このように、航空券検索サイトの結果は、あくまで目的地へ行くためのルートであって、経由地の入国条件や乗り継ぎ時間の長短は考えられていない。安い航空券を選んでも、別途費用が必要になる場合や、ビザなどを取得しなければならないことなどが生じてしまう点には要注意である。

もっとも気を付けなければならないのは、経由地の入国条件である。乗り継ぎのための1泊であっても入国のためにはビザが必要な国は多いが、それがないと行先の入国条件を満たしてないということで、日本出発便に搭乗できないケースも考えられる。

仮に乗り継ぎだけであっても、異なる航空会社に乗り継ぐ場合などで、荷物がスルーで流れない場合は、乗り継ぎ空港でいったん荷物をピックアップし、再度チェックインとなるが、そのためには数時間であっても入国しなければならず、ビザが必要になる。受託手荷物があるかどうかでも条件が変わってしまうのだ。

乗り継ぎ時に空港移動を伴うこともあり、ソウルなら金浦空港と仁川空港、バンコクならスワンナプーム空港とドンムアン空港など。空港間の移動費用などは当然航空券には含まれていないので、重要なチェック項目である。

乗り継ぎ内容の把握が成否のカギ

乗り継ぎは、その内容を精査したほうがよい。同一航空会社の乗り継ぎは、日本で搭乗手続き時に最終目的地までの手続きが可能で、日本で2枚の搭乗券が出てくる。異なる航空会社で、連合も異なる場合などは、受託手荷物があるか無いかでも違っている。乗り継ぎカウンターで次の便の搭乗手続きができる場合もあれば、いったん入国し、再度搭乗手続きとなるケースもある。空港や航空会社によってケースバイケースであるから難しい。

長時間の乗り継ぎは、乗り継ぎ地によって流れがずいぶん変わる。1泊になる乗り継ぎであっても、その国に入国することなく、トランジットルーム内で過ごせ、仮眠できる椅子などが完備されている空港もあれば（シンガポール、ドバイ、ドーハなど）、その空港を拠点にする航空会社で、時間で区切ってトランジットルーム内で過ごせる空港もある（シドニーでのカンタス航空同士の国際線乗り継ぎ）。同一航空会社といっても提携する航空会社の機体を使う共同運航便は対象外などということもあり、条件は様々である。

検索サイトではエア・カレドニア・インターナショナル利用で、ニューカレドニアのヌーメア乗り継ぎのオーストラリアやニュージーランド行きがヒットするが、ヌーメアは乗り継ぎ需要が考慮されておらず、深夜に到着し、翌朝の便に乗る場合でも、深夜は空港が閉まってしまい、市内のホテルなどに滞在するしかないというケースもある。

このように、航空券検索サイトはさまざまなルートを提示してくるが、乗り継ぎ事情が便利か不便かは考慮されていないので、乗り継ぎ事情入手は大切である。

「ご自身で乗り継ぎ」というフレーズも要注意だ。A社とB社を乗り継ぐ旅程であるが、別々の予約であるという意味である。この場合、A社が遅延し、B社に乗り継ぎができなくなった場合、B社は、どうして予約が入っている客が現れないのかの理由が分からないので、単なる「ノー・ショー」(無断キャンセル)扱いになる。乗り継ぎ便でも、連続したひとつの予約であれば、乗り継ぎ便の航空会社は、なぜ予約が入っている客が来ないかが分かる。だからといって乗り継ぎ便が出発を待ってくれるわけではないが、代替便の予約などがスムーズにはなるだろう。

また、空港の規模が大きければ多めに時間が必要であろうし、空港の規模が小さくても、乗り継ぎ便のターミナルが異なっているなどすればやはり時間が必要なので、空港事情も調べておくのがベターである。

しかし、かといって、こういった航空券を避けていると、日本から直行便の無い地域などへ行く場合にルートの選択肢を狭めてしまうので、その内容をよく把握して上手に利用することが大切である。

「ふたつの予約が必要」という注意書きはリスクを伴う。複数の航空会社の便を組み合わせた航空券ではなく「複数の航空会社の航空券をプラスした結果、この価格になる」という検索結果である。これは、概ね航空会社のサイトで直接予約するもので、往路と復路など2回予約の作業が必要になる。そのため、ひとつの便の予約作業をしているうちに、他方の便の空席が無くなる心配だってある。ひとつの予約は決済を済ませないと終了できないので、もうひとつの便が満席になってしまうと旅程が成り立たなくなるので、こういった航空券は避けたほうが無難である。

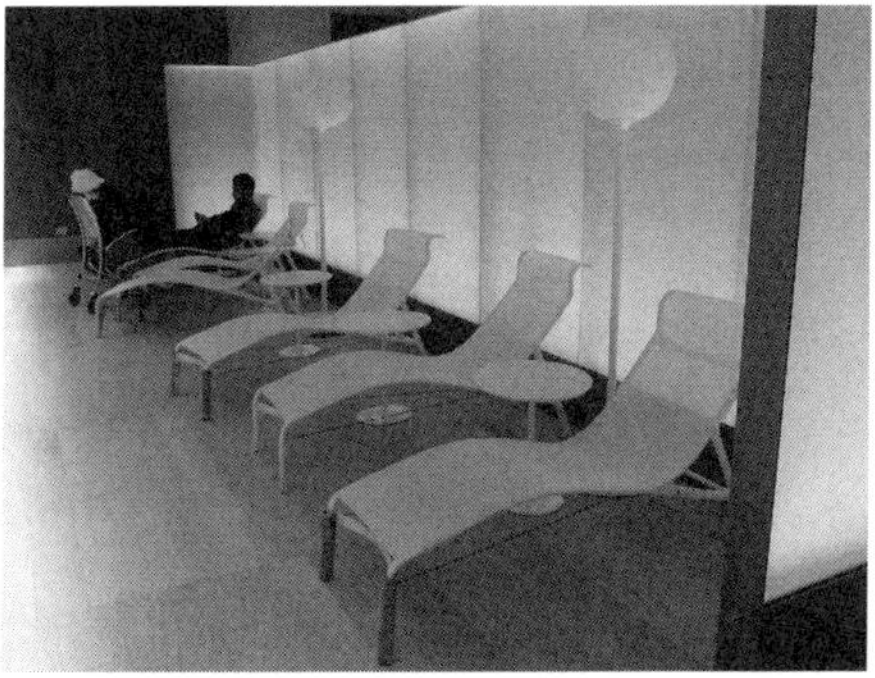

ドーハの空港のトランジットエリア内には仮眠ルームが完備（ドーハ 2014年）

手荷物追加料金は必ず精査すべし

航空券を探すとき、大きな落とし穴となるのが手荷物の重量制限である。価格を安い順に並べると、アジアなどＬＣＣが飛ぶ地域ではＬＣＣが上位に表示される。価格は燃油サーチャージや空港使用料などを含めた総額表示なので、「安い順」は確かであるが、一定範囲で受託手荷物無料の大手航空会社と、受託手荷物有料で、機内持ち込み手荷物に厳しい重量制限のあるＬＣＣが混在している。機内手荷物の重量制限も、７キロの会社もあれば10キロの会社もあり、条件はまちまちである。

海外旅行の手荷物の総重量を７キロ以内に収めるというのはかなり至難の業であり、航空券を安い順に並べ、ＬＣＣを選んでも、荷物の追加料金を考えたら大手のほうが割安ということはよくある。まして、目的地へ行くのにＬＣＣの乗り継ぎ便だったとし、往復するのに４回も乗ったら、その都度荷物の追加料金が必要になり、大手航空会社の航空券より３万円以上高くなってしまうケースもある。

筆者の場合、国内旅行なら手荷物７キロ以内は可能と考えているが、海外旅行では、手荷物７キロ以内はかなり難しく（旅行期間や季節による）、いっぽうでＬＣＣでも10キロ以内であればクリアーできるので、手荷物の条件を重要視している。

旅行の荷物作りは「迷ったら持参しない」などと言われるが、結局、使わないものを持ち歩くほど不合理なことは無い。ガイドブックなどの書籍は重いので、必要なページのみをスマートフォンで撮影したり、あるいはインターネット上の旅行情報のホームページをすぐに出せるようにしたりしたほうが旅をスムーズにできる。ＬＣＣ利用時は携行品の軽量化は必須である。

　大荷物なら仕方がないが、制限より少しオーバーする程度なら、知恵も必要である。日本では夏の季節に寒い国へ行く場合、当然現地で必要な衣類が荷物に入っているが、空港は冷房しているのだから、搭乗手続き時に、現地での格好になってしまえばよい。小さくて重いものはポケットに入れてしまう手もある。飲料は荷物検査時に放棄しなければならないので、早めに放棄する。単純計算だが５００ミリリットルの飲料は０・５キロになる。ちなみに、航

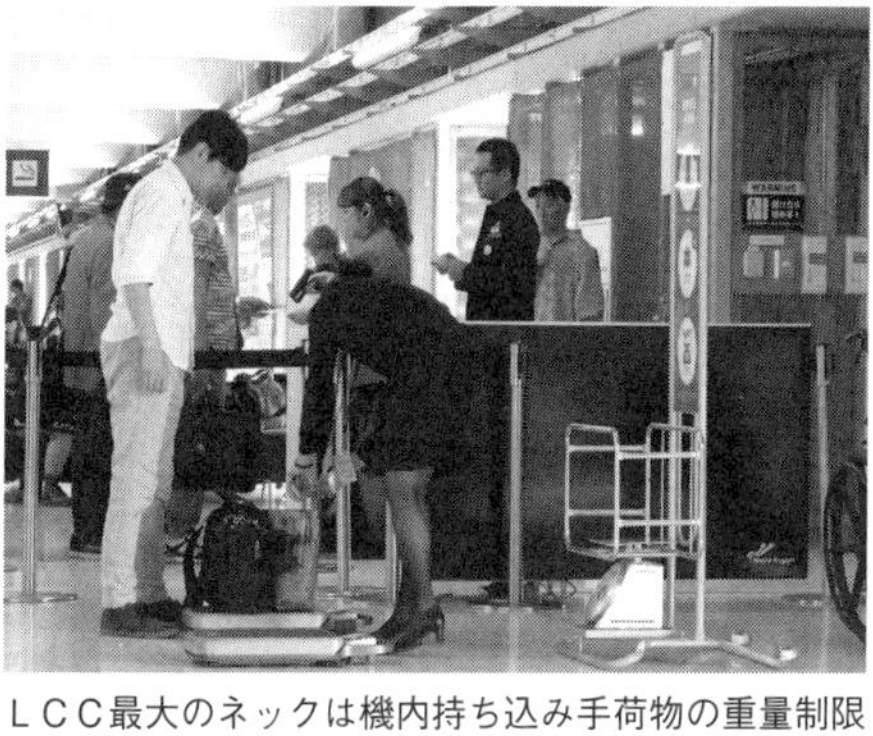

ＬＣＣ最大のネックは機内持ち込み手荷物の重量制限
（成田 2019年）

空各社での表記方法が統一されていない点には注意したい。日系のＬＣＣのように、機内持ち込み手荷物の合計が７キロと厳しい航空会社もあれば、頭上の荷物棚に載せる荷物が７キロ以内とする会社もある。そのほかの手荷物は前の座席の下におけるサイズのものがもうひとつ持ち込める航空会社もあり、その合計を10キロとしている場合もある。

また、ヨーロッパ内のＬＣＣでは、受託手荷物は当然有料だが、頭上の荷物棚さえ有料の場合がある。つまりは運賃に含まれるのは前の座席下に収納できる小さな荷物に限られるというものだ。知らないと面食らってしまうが、その代わり、物価高のヨーロッパであるものの、ＬＣＣの運賃はかなり安い。

世界的にはビジネスクラスなどの優等クラスは年々豪華になっているが、エコノミークラスは大手航空会社、ＬＣＣ含めて年々簡素なサービスになり、「必要な場合は有料で」という傾向だ。大手航空会社でも、昔のようなサービスは受けられないと思っておいたほうが無難である。

「航空券の予約番号」は重要

航空券が多様になり、さらに航空会社の再編から個々の提携は複雑になっているので、

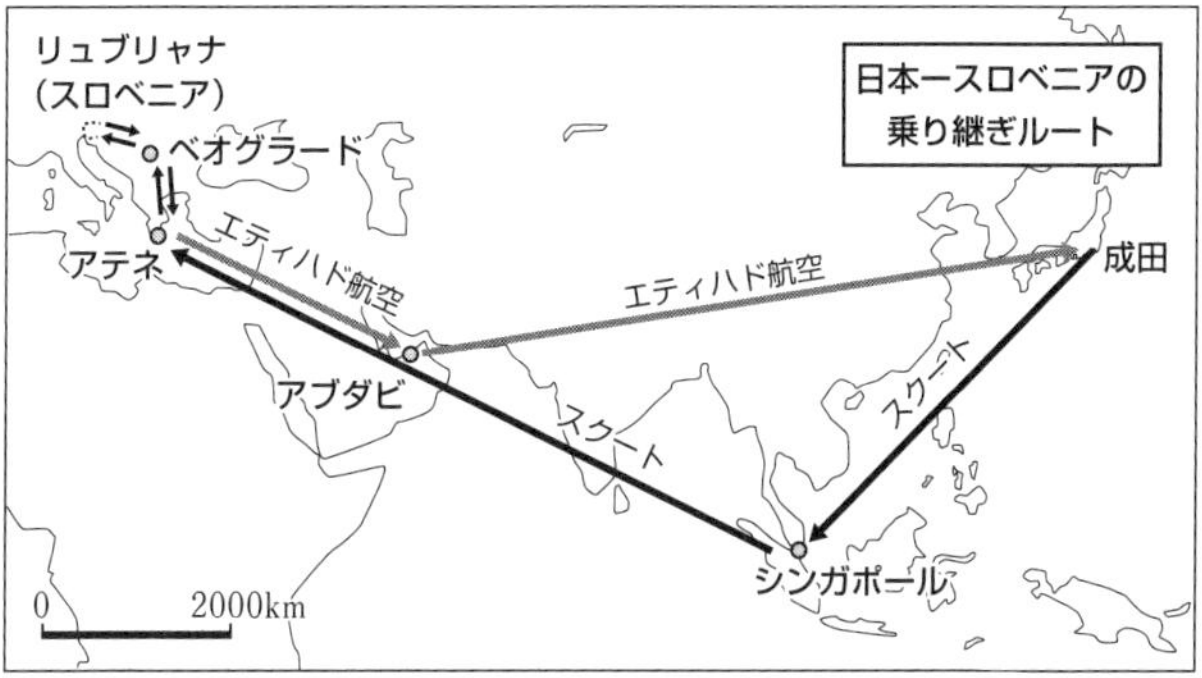

どこまで搭乗手続きができるかの把握は大事だ

特に「予約番号」に気を配る必要がある。筆者の経験談で言うと、東京からスロベニアのリュブリャナを往復したときの航空券は複雑であった。

スロベニアは旧ユーゴスラビアを構成していた国のひとつで、日本からの直行便は無く、日本から1回の乗り継ぎで行けるルートもかなり限られる。そこで、成田からＬＣＣのスクートを利用、シンガポール乗り継ぎでアテネへ、そこからエア・セルビアのベオグラード乗り継ぎでスロベニアの首都リュブリャナへ飛んだ。セルビアはやはり旧ユーゴスラビアを構成していた国で、ベオグラードは旧ユーゴスラビアの首都だった地である。復路はアテネまでは同じくエア・セルビアでリュブリャナからベオグラード乗り継ぎでアテネへ飛び、アテネからはエティハド航空のアブダビ乗り継ぎで成田へ帰国した。

往復で飛行機に8回乗っているが、整理するとアテネの往復部分が往路スクート、復路エティハド航空で、アテネ〜リュブリャナ間の往復がエア・セルビアになる。

往路は成田でアテネまで、復路はアテネで成田までの搭乗手続きができ、アテネ往復部分は往路でひとつ、復路でひとつの予約である。するとアテネ〜リュブリャナ往復は同一航空会社の予約なので、単純に往復でひとつの予約に思えたが、復路はリュブリャナ〜ベオグラード間とベオグラード〜アテネ間が別の予約であった。

一般的には、細切れにするよりもひと続きにしたほうが航空券は安くなりそうであるが、そのセオリー通りにいかないこともあり、ベオグラード〜アテネ間の運賃はアテネ〜アブダビ間のエティハド航空に付随するものであった。エティハド航空とエア・セルビアが提携関係にあるため、エティハド航空が就航していないベオグラードへ行くための運賃設定があったのである。航空連合とは別に個々の航空会社同士の提携は現在でも盛んに行なわれ、自社便の就航していない地域を提携する航空会社のネットワークでカバーしている。

航空券検索サイトはその機能が優れていて、そういった運賃までも瞬時に検索してしまう。しかし、利用者として注意したいのは、トータルの運賃は安くなっているものの、復

エア・セルビアではベオグラードを境に予約が分割されていた（リュブリャナ 2022年）

路リュブリャナでアテネまでの搭乗手続きができると思っていたのが、実際はベオグラードまでの搭乗手続きしかできないということだ。結果的には筆者は受託手荷物がなかったため、セルビアに入国することなく、乗り継ぎカウンターでアテネまでの搭乗手続きができた。

しかし、ベオグラードでエア・セルビアを乗り継ぐのは、自国の航空会社となるので、出国手続き後のエリアでも搭乗手続きが可能だったとも言え、航空会社によってはいったんその国へ入国し、再度搭乗手続きとなることもある。

このように、乗り継ぎ便を利用する場合は、予約が連続か分割かも知っておきたい。この判断は、航空券に記載されている「航空会社の予約番号」を見ればよい。ひとつの予約であれば複数便が同じ予約番号になるが、別々の予約であればそれぞれの予約番号になっている。注意したいのは、旅行会社の予約番号と混同しないこと。場合によっては「航空券の予約番号」ではなく「航空券番号」と記されている場合もある。

この「航空会社の予約番号」は大切なもので、空港で自動チェックイン機を使って搭乗手続きする場合や、インターネット上でオンラインチェックインなどをする場合にも必要になり、「ロケーターコード」とも呼ぶ。こういった仕組みを理解していると空の旅がスムーズになる。

複雑なルートも慣れてしまえば安くて快適

航空券検索サイトで安い航空券を探すとどんなルートになるのか？　これも筆者の体験談を紹介しよう。

オーストラリアへ往路東京→パース、復路アデレード→東京という航空券を購入したことがある。ルートは往路タイ・ライオン・エアで成田からバンコクへ、タイ・エアアジアへ乗り継いでデンパサール（バリ島）へ。深夜1時過ぎに到着し、空港で夜を明かし、翌朝7時のインドネシア・エアアジアへ乗り継いでパースへ。復路はジェットスター航空でアデレードからケアンズで国内線と国際線を乗り継いで成田へ帰国するというルートである。

航空券検索サイトを利用、チェコのインターネット専門旅行会社のものを11万6605円で購入した。パース〜アデレード間は国内線を別途購入、中国のインターネット専門旅行会社で、ヴァージン・オーストラリアの便を2万2705円で購入している。

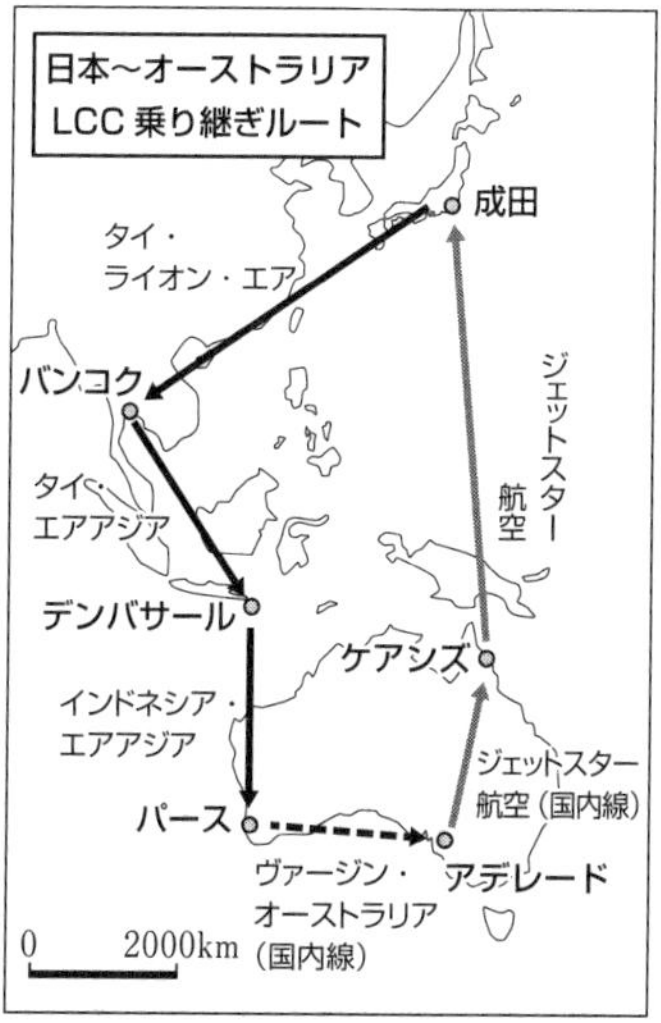

複雑な乗り継ぎルートも、地図で整理すれば把握しやすい

オーストラリアが旅行シーズンとなる2月の航空券だったため、決して安くはなく、しかもLCCのつなぎ合わせではあるが、旅行の一週間前ほどにもかかわらず、それなりの価格で購入することができた。往路のバンコクでは異なるLCC同士の乗り継ぎだったため、いったんタイへ入国して再度搭乗手続き、デンパサールでは乗り換え時間が6時間もあり、こちらもいったんインドネシアへ入国した。

復路は同じジェットスター航空同士の乗り継ぎであるが、予約上は国内線と国際線が別々で、しかもケアンズでは国内線ターミナルと国際線ターミナルが徒歩10分ほどの距離があるので、国際線へ再度搭乗手続きとなる。

東京から往復の航空券で5フライトに乗り、5回とも異なる予約で、いわば前述の「ご自身で乗り継ぎ」という部類になる。しかし、乗り継ぎ時間に余裕のある行程だったので、空港で慌てることなどはなくスムーズに旅程をこなすことができた。

往路パースへ、復路アデレードからの航空券なので、マレーシア航空やシンガポール航空なら、往路、復路それぞれ1回の搭乗手続きで、乗り継ぎ便も含めた搭乗券が渡されて不安はないし、乗り継ぎ地で入国する必要も無い。しかし、複雑なルートにも慣れていれば、繁忙期でも格安に旅行できることが多くなる。

このほか、南インドを旅したときも、やはり航空

LCCは同じ機体でも定員、利用者が多く、乗り継ぎに時間を要するので行程に余裕を（バンコク・ドンムアン 2019年）

券検索サイトで見つけた往復７万円台の航空券を利用したが、そのルートはＬＣＣと大手航空会社を乗り継ぐもので、往路はホーチミンとクアラルンプール乗り継ぎ、復路はバンコクで異なる空港の乗り継ぎであった。航空会社の再編によって、異なる空港の乗り継ぎの機会は増えている。しかし、充分な乗り継ぎ時間があったこと、バンコクでは空港間連絡バスの利便性が高かったことから、スムーズな乗り継ぎができたのである。

こういったルートの航空券で、注目ポイントがある。かつての格安航空券は団体割引運賃が基になっていたことがほとんどだったので、同一航空会社、または同一連合の航空会社を利用した往復航空券が多くを占めたが、現在は片道航空券のつなぎ合わせによる航空券が増えている。これら２つのルートは往路と復路の航空会社に関連性は無い。そして、ここではオーストラリアやインドの往復になっているが、このつなぎ合わせを応用すれば、片道航空券での世界一周だって簡単にできてしまうのである。

近年は円安などからかつてに比べて国際線航空券は割高なことが多い。そこで、さまざまなルートに慣れ、安価な航空券でもスムーズに乗りこなすことがリーズナブルな旅をする鍵となる。あまり楽な方法ばかりを求めてしまうと、ルートの選択肢は狭めてしまうのである。

航空会社再編がための落とし穴も

航空会社再編、そしてＬＣＣや中東系航空会社が席巻していることを踏まえて、近年の航空券事情の傾向にも触れておこう。

前述のように、かつての格安航空券は、多くが旅行会社でのみ販売する団体割引運賃適用の航空券だったため、往復で、かつ全行程が同一航空会社というのが基本であった。しかし、現在の割引航空券は往復という縛りが無いため、往路の安い航空券と復路の安い航空券を組み合わせたものも多く、スケジュールに無数の組み合わせがあり、往路の航空券、現地では陸路を利用、そして復路の航空券といった組み合わせも簡単にできるようになっている。片道航空券を積み重ねていって世界一周などということも可能だ。

ＬＣＣが運航を始めた頃に話題となったのは、「欠航時などの処遇」である。確かに代替便の手配、宿泊施設の手配など、大手航空会社とＬＣＣでは違いがあるであろう。しかし、代替便の手配などは大手かＬＣＣかということより、その区間に運航している便数などが大きく影響する。代替しようにも、幹線とローカル線では代替する便の数や機体の大きさに大きな差があるし、繁忙期と閑散期では搭乗率もかなり違う。

そのため、筆者は「ＬＣＣだったがために大きく日程変更を余儀なくされた」という経験は無い。しかし、大手のほうが遅延、欠航などに対しての対応が敏速であることは確かで、大手航空会社にしてみれば「LCCとの違い」を見せる場面でもあろう。ただ、これも考え方次第で、LCC利用時もオプションで「トラブル時の便変更に対する保険」などがあり、大手航空会社は最初からそういったものが含まれていると考えることもできる。

一般に日本人は「スケジュール通り」にこだわり過ぎと感じる。LCCか大手にかかわらず、たとえば日本へ帰国予定日の翌日に大切な予定を入れるなどはせず、余裕を持ちたいものだ。そういう意味では、実は大手航空会社や現在人気の航空会社には大きな落とし穴が潜んでいることも知っておきたい。

人気の中東系航空会社は就航地が多く、1回の乗り継ぎでヨーロッパ、中東、アフリカなど多くの地域へ毎日運航するなど利便性が高く、定時運航率が高い。ところが、この「定時運航率」の高さは曲者となる場合もある。

中東系航空会社は各国から集客し、中東を乗り継ぎ地にして再び世界へ飛ぶというスタイルであることは5章で述べた通りで、そのためには定時運航率も高くなければならないが、そういった航空会社を利用し、仮に手前の便が遅延すると、乗り継ぎできなくなる可能性が高いということでもある。

筆者はカタール航空を利用、ドーハ乗り継ぎの際、空港のフードコートで「もう24時間ほどここにいますよ」という日本人に出会ったことがある。「ヨーロッパからの便がちょっとだけ遅れただけなのに関西行きの便は待ってくれなかった」といい、「東京行きでも何でもいいから日本行きの空席待ちをしている」というのだ。私が「24時間もいるなら市内観光でもできないんですかねえ」と尋ねると、「空席待ちをしているので、空港から離れられない」という答えが返ってきた。

このほか、ヨーロッパでも乗り継ぎ時間を短くして空港での接続を改善する傾向であることは2章で述べたが「日本からの便が遅延し、乗り継ぎ便へは空港で急いで移動した結果乗り継ぐことができたが、受託手荷物は乗り継げず、次の便で届いた」などという例が多くなった。荷物は手前の便が遅延していても急ぐということはない。

いっぽう、日本からアメリカへ到着した場合は、人間は乗り継げたが荷物が乗り継げなかったということは起こらない。アメリカでは乗り継ぎであっても到着後入国審査があり、荷物をピックアップして次の便への搭乗手続きになるので、荷物だけ次の便で到着などということがあり得ないのである。

一般的には乗り継ぎ時間は短いほうが歓迎されそうであるが、こうした大きな落とし穴があることや、地域によっての違いも理解しておきたいものである。

航空会社の再編などでマイレージ・プログラムの利便性は低下

航空会社の行なうマイレージ・プログラムは、アメリカの航空戦国時代、自社の顧客を維持するためにアメリカン航空が行なったのが最初であったことは1章で述べたが、その後、日本においては旅行者の間でこのプログラムは大変人気となったものである。

アメリカ系航空会社が日本をアジアの拠点と位置付けて運航していたため、日本人はマイルを稼ぐための長距離路線と、特典として利用する短距離路線双方が豊富にあり、世界でももっともマイレージ・プログラムの恩恵を受けた国だった。筆者も無料航空券による特典旅行を30回ほど楽しませてもらった。

しかし、利用者に有利にできていたアメリカ系航空会社のプログラムであったものの、肝心のアメリカ系航空が、１９９０年代は本土から5社が日本へ乗り入れていたのに対し、現在は航空再編により本土からは3社に減り、日本からのアジア路線もほとんど無くなってしまった。変わってＬＣＣが低価格で飛ぶようになったので、無料航空券特典をもらうまでもなく、格安に旅ができるようになり、マイレージ特典の魅力はかなり薄れてたしまった。

マイレージ・プログラムは現在も一定の人気はあるものの「ビジネスクラスなど優等クラスをお得に利用したい」「繁忙期にお得に旅行したい」「空港のラウンジなどをお得に利用したい」など、目的がはっきりしていないと、メリットがかなり減ってしまったのである。

燃油サーチャージを航空券価格に組み込む航空会社が増加

このところ、物価は上がるいっぽうである。航空券価格も、ＬＣＣなどの低価格な航空会社が増えているものの、大手航空会社の航空券は以前に比べて価格が高くなったと感じる人が多いのではないだろうか。しかし、正確には「それほど値上げはされていない」というのが実際のところである。海外の航空会社の航空券で、かつて１ＵＳＤ＝１００円だったときに10万円だった航空券なら、同じ価格でも円安で１ＵＳＤ＝１５０円となれば15万円になっても同じ水準ということになる。円安が続く中、海外の航空会社の航空券が以前に比べて割高なのは致し方ないことではある。

いっぽうで、現在、飲食や宿泊などの物価は海外主要国に比べて日本は割安となったが、日系航空会社の航空券は割高という状況が続いている。本来なら日本は物価とともに賃金も海外の主要国に比べて安く、航空券も安くなってもよさそうであるが、航空券検索サイトで「安い順」に並べると、日系はＬＣＣでしか上位にはなれないのが現状である。日系航空会社と海外の航空会社が共同運航を行なっている場合、海外の航空会社の航空券として購入したほうが安くなるのが常である。

「燃油サーチャージが高くて」というセリフを聞くことも多いが、これも正しく理解しておくことが必要である。燃油サーチャージは２０００年代以降、航空燃料の急激な値上がりなど、価格が不安定な状況になり、それまでに決めていた運賃では採算が合わなくなったために導入された制度であった。そして、その時点では価格が安定すれば燃油サーチャージは値下げ、そして撤廃するというものであった。しかし、燃料価格は高止まりし、燃油サーチャージが無くならない現状では、世界の多くの航空会社が運賃に組み込むこととし、燃油サーチャージという制度を廃止している。

燃油サーチャージは避けることのできないものなので、航空運賃が６万円、燃油サーチャージ４万円と言われてもピンとこず、航空運賃10万円としたほうがすっきりする。インターネット上によく出てくる「ヨーロッパ往復８万円〜」などと出てくる広告にほとんど意味が無いということは前述したが、こういった広告を出している航空会社の多くは、この価格には燃油サーチャージが含まれていないことが多いのである。

利用者としては、総額だけを気にしていればいい。その点、日系航空会社のマイレージ・プログラムでの特典航空券には燃油サーチャージが含まれておらず、これも大きな落とし穴である。海外の航空会社の特典航空券では、別途燃油サーチャージは不要な航空会社が多いほか、割引価格になっている航空会社もある。

大手航空会社の航空券、ＬＣＣの航空券、マイレージ特典、これらの優劣は、航空会社の再編、環境の変化などによって変わってきているので、従来の常識にとらわれず、お得な旅の方法を把握しておくことが大切である。

ロシアのウクライナ侵攻が大きく影響しているヨーロッパ便

ロシアのウクライナ侵攻はヨーロッパ〜東アジア間の航空便に大きな影響を与えている。中国などのロシア友好国を除いてロシア上空を通過できなくなり、日本からのヨーロッパ便は遠回りを強いられている。東京〜ロンドン間でいえば、所要時間が12時間30分ほどだったところが、現在は15時間ほど要している。おおむね日本からヨーロッパへは北極経由、ヨーロッパから日本へはロシアを南で避けるようなルートになっていて、西行きと東行きでルートが異なる理由は、ロシアを南で避けるルートは偏西風の強い中緯度になるので、西へ向かうと向かい風、東へ向かうと追い風になるからである。

　ロシア上空を通過できないことは単に所要時間が長くなるだけの問題ではない。それまでは、日本を昼前後に出発すると夕方に現地着で、ヨーロッパ各地に乗り継ぎができたが、それができなくなり、日本発を夜にして翌朝現地到着にする航空会社が増えている。日系航空会社は行先によって運航時間帯が異なるが、ＬＯＴポーランド航空、フィンエアー（フィンランド航空）などは、従来昼便だったものを夜便に変更して運航している。所要時間が長くなってしまい、その

ルフトハンザドイツ航空より。ヨーロッパ便の往路は北極上空を迂回している（2023年）

分の燃料代や人件費もかさみ、機体の効率も悪くなり、それらが航空運賃に跳ね返ってきている。

こうなると、ますます有利となるのが中東系航空会社である。中東で乗り継ぐと、ヨーロッパ各国、隅々までも1回の乗り継ぎでアクセスできるというメリットがあるし、日本からの中東乗り継ぎの便は、元々ロシア上空を飛んでおらず（中東〜北米間などは別）、所要時間は以前と同じなのである。

あとがき

筆者は1958（昭和33）年生まれ、ボーイングのB707やダグラスDC－8が飛び始めた頃で、ジェット旅客機の幕開けの時代である。小学校高学年の頃にジャンボ機初飛行、そして初めての空の旅が高校生だった1975（昭和50）年、国内線のジャンボ機であった。

国際線に乗って海外旅行などおいそれとできない時代を経て、1980年代にはアメリカの航空戦国時代に遭遇し、カルチャーショックを受けたものだ。大手航空会社のハブ空港で何百機単位の旅客機が並ぶ光景に目を見張った。

その後は、海外発の安い航空券を利用したり、日本発にはなかった世界一周航空券を利用したりもした。マイレージ・プログラムの特典目当てに、ヨーロッパ行きにアメリカ経由などというルートも選んだものだ。

アメリカにはじまった航空事業の自由化はアメリカ以外にも波及、その後は世界の航空会社が連合化、国境を越えて弱い航空会社の多くが姿を消した。格安航空会社も世界で登場し、空の旅は気軽なものとなり、ＬＣＣなる言葉も誕生する。大手航空会社が傘下にＬ

ＣＣを有することも多くなった。

古くは超音速機コンコルドが商業的に成り立たず、大量輸送のジャンボ機を始めとする大型機が活躍するが、ジャンボ機も引退、旅客機は双発機一色の時代となり、日に日に燃費のいい機体へと移り変わっている。

筆者は、50年、あるいはそれ以上の単位で見ると、航空の黎明期から激動の時代に生きてきたように感じる。若い頃、日本発のおもに格安航空券の予約・販売に関わっていたので、余計に航空の移り変わりを肌で感じる。それはそれで貴重な体験だったとも感じ、本書にその激動の50年史をまとめてみた。

＊本書内、とくに6章に記述した航空各社のルールなどは度々変更になることが多いので、必ずその都度ご確認ください。

谷川一巳（たにがわひとみ）
昭和33（1958）年、横浜市生まれ。旅行会社勤務や旅行業界紙記者を経てフリーライターに。雑誌、書籍などで世界の公共交通や旅行に関する執筆を行う。これまで利用した航空会社は約140社、訪れた空港は300カ所に上る。著書に『日本懐かし航空大全』（辰巳出版）、『ボーイングvsエアバス熾烈な開発競争』『空港まで1時間は遠すぎる』（ともに交通新聞社）など多数。

交通新聞社新書179
再編！ 世界の航空会社
パンナム倒産からLCCの活躍、中東御三家台頭まで
（定価はカバーに表示してあります）

2024年6月17日　第1刷発行

著　者――谷川一巳
発行人――伊藤嘉道
発行所――株式会社交通新聞社
https://www.kotsu.co.jp/
〒101-0062　東京都千代田区神田駿河台2-3-11
電話　（03）6831-6560（編集）
（03）6831-6622（販売）

カバーデザイン―アルビレオ
印刷・製本―大日本印刷株式会社

ISBN 978-4-330-02924-5